JN249501

億トレⅢ

プロ投資家のアタマの中

億を稼ぐ
トレーダーたちⅢ

Tomoyuki Hayashi
林 知之

本書は、原則として、インタビュー当時の情報に基づいています。
また、投資の判断は自分自身の責任において行ってください。

はじめに

トレードのメンタルとはなにか？

このインタビュー集の価値はなにかと問われたら、投資家としての「進むべき方向」を決める、あるいは再確認するための最高の〝素材集〟だという点を挙げたい。

多くのトレード実践者が、「最後はメンタル。心の問題だ」と口にする。個々の売買判断も、そもそもどんな手法で利益を狙うかを決めるのも、さまざまな感情を伴う心の問題だからである。

では、滝に打たれて修行すると儲かるようになるのか。苦しい場面を乗り越えるために〝不屈の精神〟を身につけるべきなのか……そんなはずはない！　崇高な精神の持ち主になる、すべてに達観する……これもちがう。超人的な精神力を手に入れたり、感情を捨てた〝売買マシン〟になろうとするのは自由だが、ほとんどの投資家は実現できないのだから、私はオススメしない。

株式市場で儲けたカネは、有意義に楽しく使いたい。人間くさい存在のまま、ちょっとリッチになりたい。勝ったら笑顔を浮かべ、負けたときは悔しがる――私はそんなベタな人間、相場が上手な〝俗物〟を目指している。これを極めるのが、私のゴール（目標）である。

つい目先の利益に目を向けてしまうのが投資家の〝本能〟だが、それは売買の場に立ってから働く本能だから、いわば人工的な株式市場に臨むうえでは事前に、どこに向かうか、どんな投資家を目指すかを、脳ミソで考えておく必要がある。

「一般的な投資家の多くは、ゴール（目標）をもっていない。そこが最大の問題だ」

本書の前作である『凄腕ディーラーの戦い方』の中で、職歴豊富なプロ投資家である坂本慎太郎氏が大切だと強調した〝トレードに対する姿勢〟である。「とにかく儲けたい」では、いかにも子どもじみている。例えば「1億円儲けたい」と具体的な金額を設定し、「では、実際にどうするか」と落とし込んでいくのがオトナのゴール設定だといえる。

投資、トレードという行為を高い視点から眺めると、目先の利益を追う行動もアクセサリー的なものなら、トレード手法を選ぶ行為もアクセサリーである。日々の市況解説や、ちょっとした予測情報など、否定しようのないアクセサリーだ。

それらアクセサリーをちりばめる本体、骨組みをつくるのがゴール設定であり、私たち自由な個人投資家は、感情を殺すのではなく、感情を生かしてゴールを想像し、頭の中でリアルな映像に高めることで、真の意味をもつゴールとする。

だが、「株で1億円つくる」と言えば、周囲の人はみな否定する。子を案ずる親は「そんな夢みたいなことを言うな」とたしなめ、隣のオバちゃんは「額に汗して働きなさい」と説教をくれる。

そんな世間のジョーシキも、妥協の世界に生きる周囲の人たちの忠告も、私たち投資家には害でしかない。このように整理して、「自分だけで自由に考えよう」とすることこそが、投資家のメンタルトレーニングであろう。

本書に登場するトレーダーたちは、読者一人一人を心配して「やめておけば？」と話しかけたりしない。しかし、雑な物言いをしているわけではない。現役プレーヤーとしてのホンネを、楽しく大らかに語っているのだ。結果として、ダイヤの原石があちらこちらに落ちているというのが、本書の最大の特長だと自負している。

あなたのジョーシキが真実だ

日本では、ごはん茶碗を食卓に置いたまま食べない。茶碗を手に持って、箸で口に運ぶのが失礼のない食べ方である。しかし、海を渡った韓国では、ごはん茶碗を手に持つのがマナー違反だという。その韓国では、食器の中にきれいに並んだ食材を〝まぜまぜ〟して食べるものが多いようだが、日本では〝まぜまぜ〟する料理があまりなく、少なくとも、伝統的な会席料理などで〝まぜまぜ〟するのは御法度であろう。国や地域、状況におけるジョーシキは異なるのだ。

一部の地域には、鳥葬という風習がある。死者の体を鳥に食べさせるのだ。魂の抜け出た遺体を「天へと送り届ける」意味があるという。日本人の感覚で「残酷だ」と言えば、鳥葬を行っている人たちは「遺体を燃やすなんて残酷だ」と言い返すだろう。ジョーシキがちがうのだ。

さて、株式市場では毎日、ほぼ全上場銘柄に値がついている。これは、真剣に考えて「買いだ」と結論づけて行動した人と、確信をもって「売りだ」と決断した人、どちらも同じように存在していることを意味する。真逆のジョーシキがぶつかり合っているのだ。そこに身を置く私たちプレーヤーは、世間のジョーシキに惑わされないように注意しながら、一方で視野を広く保ち、ちょっとした〝気づき〟を得ることを怠ってはいけない。カネが飛び交う世界では、つい錯覚に陥る。「自分は大丈夫」と思うのもメンタルの強さだが、「きっと錯覚している」と認めるのも強さである。

本書に登場する実践家たちの言から、誰か一人を選ぶのが正しいことではない。同じ人間にはなれないのだから。また、多くの主張が、読者のジョーシキと相容れないだろう。だが、それぞれの人物が、いわゆる完成形であることを尊重し、耳を傾けてみる価値がある。自分にとってのダイヤの原石を、ひとつふたつと拾ってみることに大きな意味がある。

例えば、本書の7番目に登場する秋山知哉氏は、多くのプロが重要性を説く資金管理を、「負けることが前提」と否定的に捉える。だが、かまわずにトレードサイズを膨らませるわけでもない。そんなことをしていたら、今回のインタビューが実現しなかったはずだ。本書の最後に登場するのは、私が世間のジョーシキを破って収録したプロギャンブラー新井乃武喜氏だが、彼も資金管理を指して「負けることが前提」と言い、「勝つための計算」としてアプローチする。

では、「相場に負けはつきものだから、負けるときのことを考えるべき」という考え方と、どちらが正しいかを議論するべきか？　そうではない。どちらも真実であり、それを真実として成立させるのが、それぞれのジョーシキなのだ。

本書の読み方

冒頭、トレードのメンタルに触れながら、ゴール設定の重要性を強調した。ゴールを決める際のキーワードは、「ジョーシキにとらわれない思考」「実現可能な妄想」である。

相場本には、具体的な手法を説いたものが多い。だが、落ち着いて観察すると、「今日読んで明日から儲かる」などという無謀な期待、いわば〝成立し得ない妄想〟に迎合している書籍も多い。そんな玉石混交の中で、自分にとってのダイヤの原石を見つけ、自分のジョーシキで自分だけの真実を築き上げるのが学びだと私は信じる。

少しばかり慌てて利益を取りに走るのが投資家の行動特性だから、あえて立ち止まってほしい。百人百様のジョーシキがあることを考え、タイプの異なるプレーヤーたちが自由に語る〝真実〟から、ちょっとした気づきを見つけてほしい。

数時間かけて本書を読み、一つか二つの小さな発見があれば、明るい未来に向かうための武器が手に入るのだ。大いなる可能性のある株式市場で活動することを考えたら、実は「売り」と「買い」しかないシンプルな決断を考えるゲームであることを認識すれば、私が「ダイヤの原石」と評することが決して誇張ではないと理解してもらえるだろう。

本書のインタビューは、一般的な雑誌の記事とは決定的な差がある。私が運営する投資助言会社「林投資研究所」の個人投資家向け機関誌『研究部会報』に連載したものなので、スポンサーの都合が入ったり、ページ数の都合でまとめたりしていないのだ。つまり、投資家としての正しいゴール設定と同じで、自由闊達《かったつ》に情報を盛り込んでいる。だから、裏の裏を読まなくても、文章そのものにダイヤの原石が現れているし、かるく行間を読めば、さらに多くの有益な情報が見えてくる構造だと、自信をもっている。

それぞれのインタビューイの世代が幅広く、必然的に、トレードを学んだ時代背景も経験値も異なる。特定のコンセプトで集めた人物群ではない。なにしろ、プロトレーダーならぬプロギャンブラーのインタビューまで収録しているのだから、著者である私の自由気ままな世界観の中に漂う、自由人たちのホンネを素直に受け取ってもらえると考えている。

ただ、登場する10人のインタビューは、最も古いものが2011年8月、最新は2017年12月だから、株式市場の現状や制度に触れた部分は、現在とはちがっている可能性がある。

父・林輝太郎のラストメッセージ

最も古いインタビューが２０１１年8月と述べた。最も相場歴の長い私の父、林輝太郎である。当時、肺気腫を病んでインタビューを細かく数回に分ける必要があるほどだったが、戦後の株式市場や、そこで学んだ哲学を披露してくれた。だが、このインタビューを『研究部会報』に掲載した際の校正作業が文章に携わる最後の仕事となり、翌２０１２年２月28日に他界してしまった。

現在の職業分類では「独立トレーダー」、昔風には「一匹狼の相場師」、そんな自立した立場のあり方を輝太郎は、インタビューの最後の言葉に集約してくれたと思う。

「正しい筋道の単純な練習で相場の経験を積み、正しい自己流を確立するんだよ」

これを現代風に表現し、科学的な要素を入れると、前述したゴール設定と重なると思うのだ。

しかし、輝太郎のインタビューは、校正で読み直すたびに、不思議な〝重たさ〟を感じた。息子の立場だからかもしれないが、輝太郎の著作に慣れ親しんだファンには貴重なラストメッセージである一方、文章化した私の世界観にゆがみがあったかもしれない。この一点が唯一、本書における懸念であることをお伝えするとともに、関係各位に感謝の意を表してまえがきをとじる。

２０１８年２月

林 知之

林輝太郎　無数の個人投資家と学びを共有してきた戦後の60年 14

「正しい自己流を確立せよ！」

1．まずは生きること／2．新宿の〝顔〟／3．お兄さん、株買いなよ！／4．台所のない家／5．実践者からの教え／6．取れるものなら取ってみやがれ！／7．相場以外は全部ダメ／8．職人の売買、うねり取り／9．サヤ取りは相場ではない／10．完全なシステムなんてない／11．相場は科学ではない／12．単純化と練習／〈追記〉

若林栄四　半世紀に及ぶ経験をベースに相場の真理に迫るベテラントレーダー 82

「相場は自ら動いているのです」

1．相場とは何か／2．相場は日柄である／3．日柄は土日も含める

夕凪（ゆうなぎ）　イベント投資で年間40％の利益を稼ぎ出す個人トレーダー 96

「利益は分析と研究、そして経験の結果です」

1．需給バランスの崩れが狙い目／2．悪材料の急落は買い／3．相手が誰なのか／4．イベントは必ず起こる

金子稔（ついている仙人）　完全独学で手法を確立した日経225先物トレーダー 116

「チャートは出来のわるいカーナビなんだ」

1．お決まりの道を歩んだ／2．そして3人だけになった／3．余命宣告／4．80％はトレンドレス／5．学びの場／6．感情がわかる／7．出来のわるいカーナビ

山田良政　精力的にEA開発を続ける元裁量トレーダー 148

「答えはシステムと裁量の融合です」

1．スタートは昭和のアナログ作業／2．自己の判断で散る／3．手法の確立／4．FX、そしてシステムトレード／5．ヒトの限界とシステムの限界／6．スキャルピングのシステムは損をしない？／7．トレンドって何？／8．人間の弱さを補うのがEA

CONTENTS

照沼佳夫　独学でゼロから道を切り開いたシステムトレードのパイオニア
「気が小さいから順張りが基本なのです」　184
1．学生時代に相場の道を目指した／2．下げ相場で退場／3．すべての指標は役に立たない／4．気が小さいから順張りなんです／5．不安はあっても迷いはない

秋山知哉　静寂な山あいに居を構える独立トレーダー
「〝絶対に勝つ〟人たちの都合を考えるのです」　210
1．予備校で覚醒した／2．千数百万円が消えた／3．勝つことを前提にする／4．きれいなチャート／5．絶対に勝つ人の都合

髙山　剛　五感と金融工学と禅の思想で臨むオプション取引の専門家
「予測ではなく目の前の事実を見ることです」　236
1．禅と出会う／2．事実を見る姿勢／3．ポジティブ思考の意味／4．値動きってどんなもの?

平田和夫　ヘッジファンドの最前線を知る経験豊富なトレーダー
「相場が大好き。だからこそトレードを楽しみたいのです」　262
1．ひょんな就職から輝けるキャリア／2．利食いたいところで買え！／3．相場の面白さと難しさ

新井乃武喜（プロギャンブラーのぶき）　世界のカジノで15年以上勝ち続けてきたプロギャンブラー
「トビラを開ける前に勝負を決めろ！」　282
1．運だけに左右される状況はイヤだった／2．正しい勉強を経て自分のものをつくり出す／3．トビラを開ける前に勝負を決めろ！／4．10年続けるシゴト／5．「どうしたいんだ」という自分の答え／6．決め手は「本気度」

インタビューイのプロフィール

林輝太郎（はやし　てるたろう）
1926年10月17日生まれ。陸軍士官学校第61期生。法政大学経済学部および文学部卒業。1948年、平和不動産10株を92円50銭で買い、利益をあげたのが初めての相場。1955年、東京穀物商品取引所仲買人・隆昌産業株式会社に入社。1962年、ヤマハ通商株式会社を設立。東京穀物商品取引所の受渡処理委員、資格審査委員および東京穀物商品取引員協会の理事、監事を歴任した後、1972年に林輝太郎投資研究所（現・林投資研究所）を設立。
相場における専門は、FAI投資法、うねり取り（株式）、サヤ取り（商品）。著書多数。

若林栄四（わかばやし　えいし）
1966年東京銀行（現・三菱東京UFJ銀行）入行。シンガポール支店、本店為替資金部およびニューヨーク支店次長を経て勧角証券（アメリカ）執行副社長を歴任。現在、ニューヨークを拠点として、ファイナンシャル・コンサルタントとして活躍するかたわら、日本では株式会社ワカヤバシ エフエックス アソシエイツ（本邦法人）の代表取締役を務める。
『人為バブルの終わり』（ビジネス社）、『黄金の相場予測2017』『富の不均衡バブル』（日本実業出版社）、『異次元経済 金利0の世界』（集英社）など著書多数。

夕凪（ゆうなぎ）
電気通信大学卒。1996年に渡米し、アメリカ人技術者と共にインターネットプログラム開発に参加。同時にインターネットを利用した株式投資に目覚める。株式投資の研究成果を発表する場として「ダントツ投資研究所」を2004年に開設。「ダイヤモンドＺＡｉ」主催のミニ株バトルにおいて2007～2008年大会で優勝、個人投資家としての実力を示した。
主な著書に『イベント投資でゆったりはじめる“夕凪式”株式システムトレード講座』（技術評論社）、『スタバ株は１月に買え！』（東洋経済新報社）などがある。

金子 稔（かねこ　みのる）／ **ついてる仙人**
個人投資家から絶大な支持を得る「相場塾」を主宰。“ついてる仙人の「株式投資」「日経225先物」と「ありがとう」で幸せになるブログ”では、株式と日経225先物の売買記録を随時公表し、値動きの予測やその日の売買のタイミングなどを情報発信して人気が高い。また、独学で築き上げたテクニカル分析とトレード手法は定評がある。主な著書に『株・日経225先物・FX……すべての答えはチャートにある！』『日経225先物 ストレスフリーデイトレ勝利の方程式』『日経225先物必勝トレード術』（アールズ出版）などがある。

山田良政（やまだ　よしまさ）
株式会社オフィサム（http://offi36.net/）代表取締役。2011年、ひまわり証券で実稼働されたトレードシステムの年間成績ランキングで、１～6位、8～10位を独占。2012年には「選択型自動売買サービス・エコトレFX」に数多くのシステムを提供し、利用者数１位、年間成績１位を獲得。2013年には自身が開発したトレードシステム「Aznable++（ドル／円）」が、ミラートレーダー（世界中のEAを集めたプラットフォーム）に導入されている全世界8000以上のトレードシステムの中から、年間最優秀ストラテジー賞を受賞。

照沼佳夫（てるぬま　よしお）
1950年、茨城県生まれ、駒澤大学経済学部卒業。大学時代に株式投資を始め、投資一筋で現在に至る。その間、さまざまな投資技法の研究を重ね、数々の運用システムを開発、独自の運用スタイルを確立する。1990年にSPS研究所を設立、その代表となる。日本におけるシステムトレーダーの草分け的存在である。主な著書に『株の短期売買実践ノート』（同友館）、『ペア・トレード／裁定取引で儲ける！』『システム売買　プロのノウハウ』『仕掛け・損切り・利食い　プロのノウハウ』（日本実業出版社）などがある。

秋山知哉（あきやま　ともや）
1974年生まれ。職業は投資家、相場師。研究医を目指したこともあったが、医大専門予備校時代にトレーダーとして生きていくことを決意。弱冠20歳で独立トレーダーとしての生活を始める。商品先物のトレードで築き上げたオリジナルの売買手法を基に、現在は、FXをメインの投資対象としながら、日経225先物も手掛ける。本文でも紹介している「マーケットでは、"絶対に勝つ人の都合"で値動きが決まる」「勝つ人の視点でチャートを眺める」という独自のアプローチは、あらゆる投資家にとって示唆に富んでいる。

髙山 剛（たかやま　つよし）
1984年、山一證券に入社。1987年に、かつてイギリス四大銀行の一つであったミッドランド銀行に転職。外国為替や銀行間資金市場でディーラー人生を開始。その後、金利トレーディングの債券取引、債券先物取引、金利スワップおよびオプションと、デリバティブ・ディーラーとしてのキャリアを重ねる。国内外の銀行・証券にて20年以上、デリバティブのトレーディングや金融工学を活用したリスク管理業務などに携わってきた実績がある。
個人投資家向けに「多くの人には逆さに見えても #INVESTUDY」というブログを執筆中。

平田和生（ひらた　かずお）
慶応大学卒業後、勧角証券（現・みずほ証券）に入社。日本とロンドンにて10年間勤務。その実績を買われ、ドレスナーの投資銀行部門にヘッドハントされる。圧倒的な実績で活躍した後、当時、米国三大投資銀行の一つであったメリルリンチ証券に移籍、12年にわたって「トップ・セールストレーダー」として活躍した。3年間のミニリタイアの後、シンガポール三大銀行のUOBアセットマネジメントジャパンの代表取締役社長に就任。国内では、日本投資顧問業協会の副部会長を務めるなど、国内外で幅広いネットワークを構築。

新井乃武喜（あらい　のぶき）／ **プロギャンブラーのぶき**
1971年、東京都生まれ。旅を愛するプロギャンブラー。25歳の時、「勝負で勝ちながら、世界を旅する」と決意。以来、カジノで勝ち続けながら、15年間で82カ国、500のカジノをめぐる旅を制覇。年間の勝率自己ベストは9割。震災ボランティアを目的に帰国した後、メディア取材・講演依頼が殺到。テレビ番組やトークイベントへの出演を精力的にこなすかたわら、現在は、書籍の執筆やセミナー講師などの活動にも力を注ぐ。主な著書に『ギャンブルだけで世界6周』（幻冬舎）、『勝率9割の選択』（総合法令出版）などがある。

林輝太郎

無数の個人投資家と学びを共有してきた戦後の60年

「正しい自己流を確立せよ！」

業界の知人、また知人からの紹介で多くの実践家をインタビューしてきたかわたら、最も身近にいる成功者、私の父である林輝太郎をインタビューの相手に選んだ。

聞いてみたかったのは、長年にわたってマーケットを見てきたプレーヤーとしての目、そして多くの投資家と接してきた指導者としての目には、何がどのように映っているのかだった。

インタビューは２０１１年８月、肺気腫のために長く話すのがつらいことに配慮し、自宅で何回にも分けて行った。

1．まずは生きること

――プロフィールには、「平和不動産10株を92円50銭で買って利益を上げたのが初めての相場」とあるよね。これは何年のこと？

昭和23年（1948年）だ。

――22歳になる年だよね。終戦から日も浅いし、まだ若かったわけだけど、いったいどんな状況だったんだろう？

戦争に負けて間もなくで、日本はまだアメリカ軍に支配されていたころだ。復興へのエネルギーがあったといっても、多くの人にとっては厳しい状況だった。誰にとっても、まずは食べるためにどうするか――そういう世界だったんだな。

オレも食うためにヤミ屋をやったりしたんだが、幸いにも軌道に乗って、少し余るくらいの稼ぎがあったから、それをさらに膨らまそうと考えて株を買ったのが、相場の世界に入るきっかけだったな。

――終戦の時は、まだ士官学校の学生でしょ？

卒業の間際で終戦になったんだ……あと半年も戦争が長引いていたら、新米将校として前線に行かされ、砲弾が飛び交う中でオロオロしていただろうなあ。8月に日本が降伏して戦争が終わったので、前倒しで卒業ということになり、とにかく自宅に戻ったんだ。

――学校は、自宅から遠かったの？

本来の学校は、埼玉県の朝霞だ。現在、自衛隊の駐屯地がある場所だな。自宅があった杉並区高円寺からは遠くなかったけど、戦況が悪化して士官学校ごと埼玉県の小川町に疎開していたんだよ。士官学校が疎開するなんて、完全に負け戦の状態で最後まで頑張っていたんだから、ひどいものだ。それはともかくとして、小川町の士官学校から電車で、八王子と立川を経由して高円寺まで帰ってきたんだ。電車はいつも満員状態だったが、ちゃんと動いていたね。

でも、高円寺で電車を降りると、辺り一面が完全に焼け野原だ。家族に会うことを思いながら久しぶりに帰ってきた身としては、電車を降りるなり駅周辺の惨状を目の当たりにして正直、不安になったな。今は、小さな商店が密集するにぎやかな商店街がいくつもあるが、その時は、駅から数キロも離れた場所まで見渡せるほどだった。

とにかく家の方向に歩いて行くと、住んでいた場所の少し手前から、焼けずに残っている家が増えてきたんだ。それでも不安で、いろいろなことを考えながら黙々と歩き続けた。そして最後の路地を曲がったところで、自宅が無事に残っているのを見て、本当にホッとしたよ。

――士官学校から自宅に連絡する方法はなかったの?

当時、電話はそれなりに普及してたが、うちには電話なんてなかった。

今のように、「電話番号を書いてください」「メールアドレスを記入してください」なんて時代じゃない。「電話はありますか?」と、まずは電話の有無を確認するのがふつうだったんだよ。電車で家に戻るしかなかったんだ。

――そして、家族全員で戦後の生活を始めたってこと?

そうなんだが、基本的にはオレが独りで稼がなければいけない状態だった。「産めよ増やせよ※」の時代で、オレは7人きょうだいの長男だったから。男はオレと5歳年下の弟の2人だけで、あとの5人は女だ。

オレはきょうだいの2番目。上に1人だけ姉がいて、すでに学校の教師をしていたから、いくらかの収入はあった。でもオレの父親、おまえのじいさんは戦争で職を失っていたから、とにもかくにも大家族で日々の暮らしをなんとかしなければ、という状況だったんだ。

※「産めよ増やせよ」
国家としての生産性向上を目的として、「人口政策確立要綱」が１９４１年に閣議決定された。その時のスローガン。

――すると、まずは食べ物だったわけね。

その通り。その日に食べるものを調達するのが先決だった。自宅にある着物を持って電車で千葉に行き、農家でサツマイモと交換して帰ってくるとかな。

そのころを描写した映画なんかに、あふれるほどの人が乗って窓からはみ出している買い出し列車が登場するだろ？　あれを実経験したんだ。

リュックサックにイモを詰めて背負って帰ってくるんだが、乗っているだけでたいへんな状態なのに、食料が統制下にあったから警察に捕まる可能性もあった。それに、生き残った人が助け合うなんて余裕はなかったから、苦労して手に入れた食べ物を盗られてしまうことすらあったな。

そんなふうに日々の食べ物を求めて行動しているうちに、自然にヤミ屋をやるようになったんだ。例えば地方から粉を持って売りに来た人に声をかけ、高円寺のパン屋まで一緒に来てもらうんだ。そのパン屋でパンを焼いてもらうために粉を預け、その粉を持ってきた人にはその場で現金を渡す。オレは夕方になって再びパン屋に行き、焼き上がったパンを受け取ってヤミ市で売るってわけだ。

いろいろと工夫して、ちょっとしたヒット商品を出したこともあるな。

千葉県の稲毛市に叔父の家があって、以前そこに海水浴に行った時に海でアオサ※を拾ったことがあったんだ。それを思い出し、稲毛まで行ってアオサを採り、よしずの上で少しだけ乾かして高円寺の自宅に持って帰るんだよ。自宅でさらに天日干しして本格的に乾燥させ、適当な量を袋に入れてヤミ市で売るんだ。1袋1銭だったな。

それが評判になってお得意さんができたりという具合で、当時の金額で1万円貯まったこともあった。終戦直後は極端な物価高騰があったから比較が難しいんだが、現在の数百万円といったところだろう。

※アオサ
海藻の一種で、青海苔の代用品として使われる。

――ヤミ市でまっ先に扱われたのは食料品だよね。ほかには、どんなものが売られていたの？

食料品にはじまって、石けんなどの生活必需品かな。各家庭から出た中古の日用品や、軍の払い下げの木綿糸なんかもあった。

酒もあったね。水で薄めた粗悪品とか、密造酒の類だ。メチルアルコールで造った質の悪い密造酒では、飲んだ人が失明したり死ぬこともあったから、「目散る」と表現されたり「バクダン」なんて呼ばれていたな。聞いたことがあるだろう？

——軍の払い下げって、公式のもの？

いや、どさくさ紛れに誰かが持ってきちゃったヤツだ。

そういえば、あの横井秀樹さんから、日本軍が使っていた蚊帳《かや》をもらったことがあったな。南方で闘う兵隊のために、戦争末期で物資が足りなくなってから作られたものだったから、なんと紙の「こより」を編んだものだ。

オレのオヤジは銀座の安藤七宝店で仕事をしていて、戦争中に休業になって失業したんだけど、戦後に店を再開するというので働き始めていたんだ。その作業を手伝うために何度か安藤七宝店に行ったんだが、横井さんがその建物の奥を間借りして「横井商店」を経営していたんだよ。

横井さんは、オレの顔にある蚊に刺されたあとを見て「蚊帳をあげるから取りにおいで」と声をかけてくれて、柿の木坂かどこかの横井さんの自宅までもらいに行ったんだ。あれも、横流し品みたいなものだったのかもしれないな。

ちなみに、オレが士官学校を出る時に教官から「好きな物を持っていっていい」と言われ、教科書や毛布、軍服なんかを持って帰った。

中には、馬を連れて帰ったヤツもいた。食べちゃったかもしれないし（笑）、馬を使って何か商売をしたのかもしれないね。銃器はすべて「埋めていけ」って指示だったが、こっそりと鉄砲を持ち帰った同期のヤツがいたなぁ。

何十年後かの同窓会で会った時は、たまに人のいない山の中で撃っていたなんて話してたよ。

――ヤミ市の摘発もあったわけでしょ？

もちろんだ。食料は配給制だったからな。だけど、配給品では全く足りずにヤミ市での流通が多くの人の命を支えていたのが実態だった。だから、本質的には公認みたいなものだった。

そんな状況下、違法は違法ということで摘発があった。うまいこと事前に情報を得ていた者もいたけど、オレは警察にワイロを渡してなかったので摘発の情報を得ることができず、苦労して焼いてもらったパンをそっくり持っていかれたこともあった。

警察の人たちも同じように飢えていたから、自分たちの食料を手に入れるために摘発を行っていたんだ。そうやって争いながら、みんながたくましく生きていた時代だったんだよ。

だから今のように、きれいに生きようとしてもムリだった。山口良忠という判事が、食糧管理法違反の被告を担当しているうちに正義を貫こうと決心し、闇米《やみごめ》を食べずにいた結果、栄養失調による肺の病気で亡くなった、なんて実話があったな。たしか、彼の死後かなりたってから報道されたんだけど、とにかく厳しい時代だった。

2. 新宿の〝顔〟

――ヤミ屋の摘発で、連行された経験は？

あったよ。士官学校から戻って大学に通っていたので、ヤミ市で買った学生服を着ていたんだ。そのほうが「逃げられる」と考えたわけだ。制服の効果はあったと思うんだが、器用に立ち回ってはいなかったので、逮捕されて「とんだアルバイト」なんて新聞に報道されたこともあった。

その時は密造酒を甲府の農協に売る業者の手伝いをしていたんだが、1週間くらい拘留されたな。でも、捕まって品物を取られて一晩くらい留置されて……それくらいは当時、当たり前だったね。何度も経験したよ。

――そういえば、法政大学の経済学部と文学部を卒業してるよね。終戦後、すぐに入学したの？

士官学校からの編入制度があったので、それを利用して大学を受けたんだ。東大に入ろうと思ったけど落っこちて、法政大学に入った。「東大卒」じゃなく、「東大志望」だな（笑）。

夜間で法政大学に通い、昼間はヤミ屋の仕事。戦争に負けてボロボロで、日々の生活が最優先の中、勉強しなくては、英語くらいできないとダメだ、という考えだったわけだよ。多くの人が同じような気持ちだったと思う。

オレは、経済学部を出たあと学士入学、つまり3年生からの編入で文学部に入ったんだ。

――ずっとヤミ屋をやっていたの？

それなりにうまくやっていたが、ヤミ屋を続けるよりもちゃんと就職したほうがいいってことになったんだ。だから、英文タイプを習って進駐軍に勤めた。「通訳兼タイピスト」って肩書きで就職して、給料をもらったよ。

――戦争中は、同盟国だったドイツの言葉も含めて〝横文字〟の使用が禁止されてたらしいけど、英文タイプを習う場所なんてあったの？

戦争中はそういう極端な世界に押し込められ、それを受け入れていた。いや、そうさせられていたんだな。それに、敗戦が決まった時も、不安一色の状態だよ。

でも、マッカーサーが乗り込んできたあとは状況を理解して、「よし復興だ！」という気運が高まったから、占領下で日々を暮らしながら、占領されている状況でのビジネスにたくさんの人がエネルギーを注いだんだ。だから「英語を覚えなければならない」という雰囲気は社会全体にあって、英文タイプの学校などがどんどんできたのも自然なことだったんだな。

当時の証券取引所だって、そんな復興活動の中にあったわけだ。今の東証の場所はGHQに接収されていたので、向かい側の日証館の1階で取引を再開した。「集団売買」と呼ばれた、非公式の立会だよ。

例えが適切かどうかわからないけど、3月11日の東日本大震災で被災して十分な機能がない状態の漁港で、陸揚げされた魚のセリを再開する、そんな雰囲気だったと思うよ。※

兜町でも、みんながヤミ屋をやっていた。山種（山崎証券）の店の中に大きな樽が置いてあって、そこに味噌が入っていたくらいだ。いろいろなつながりで食料が流通し、誰もがたくましく生きていた。女の人は、ヤミ物資を服の下に隠して妊婦のふりをしたり、そんな光景が当たり前だったね。

※インタビューの初回は2011年8月、津波で多くの死者を出した東日本大震災から半年足らずだった。戦争や戦後の混乱を経験している輝太郎は、各地の惨状を憂いながら日々、ニュースを見ていた。だから、復興のために行動する被災地の人たちと、当時の自分が重なったのだと思う。

――ヤミ市で店を出すのはカンタンだったの?

仕切っていた地元のテキ屋から、許可をもらう必要があったよ。テキ屋の名前は忘れちゃったけど、ショバ代を集金に来てたね。新宿あたりでは、代金を払った人に木製の〝鑑札〟を渡していたらしい。

ヤミ市を仕切るテキ屋とのつながりから、別の仕事をしたこともあったなあ。高円寺のテキ屋の上部組織みたいな存在が新宿の関東尾津組で、そこの親分の尾津喜之助という人が衆院選に立候補したことがあったんだよ。オレはその時、高円寺のテキ屋に頼まれて、新宿の尾津組に行って選挙活動の手伝いをしたんだ。すると尾津組の人がオレの学生服姿を見て、「本当に学生なのか？」と尋ねた。「はい、そうです」と答えると、「学生さんが親分の応援に来た」というので組織の中で有名になり、チヤホヤされたりしてね。

そんなつきあいの中で、尾津組の人たちの〝先生〟をしたこともあったな。文学部で易経を勉強していたことが伝わると、街頭で易者をするテキ屋の人たちを相手に、新宿区百人町の易の学校で講義をしたんだよ。だから新宿を歩いていると、尾津組の人から「先生。いい映画やってるよ」なんて声をかけられたり……新宿の街で〝顔〟なんて、ちょっと面白い状況だったね。

――食料品のほかに手がけたものは？

「ドル買い」をやった。手持ちの米ドルを日本円に替えたいというアメリカ兵からドルを買うんだ。それをまた日本円に戻す、つまり両替商だな。これは、けっこう儲かった。

――受け取ったドルを、どこで売るの？

正体はわからなかったけど、ドルを集めに来る人がいたんだよ。そういう人に渡すだけで、サヤを抜くことができたんだ。

あとは、ＰＸ（Post Exchange、米軍専用の売店）に行ってドル紙幣で品物を買うこともあった。日本人は入れないので、アメリカ兵に変装するんだ。アメリカ兵から軍服を譲ってもらい、それを自分に合わせて直したんだよ。日本に駐留していたアメリカ兵の中には日系人も多かったから、きちんと軍服を着ていれば特に怪しまれることもなかった。電車には米軍専用の車両、今の女性専用車両みたいなものがあって、軍服で変装し、堂々とそこに乗って銀座のＰＸに行くわけよ。

銀座では、３丁目の松屋と４丁目の和光が接収されてＰＸになっていた。松屋のビルにある大きな看板には「ＴＯＫＹＯ　ＰＸ」という文字が縦書きで入っていたんだ。オレはアメリカ兵になりすまして堂々と入っていき、食料品や日用品をドルで買うわけ。その品物を抱えてＰＸから出てくれば、裏通りにいる人たちがすぐに日本円で買い取ってくれたんだ。

当時、「ドル買いは死刑になる」なんて噂があってね。大学にＭＰ（Military Police、憲兵）のジープが４台入って来た時は、ドル買いの取り締まりかと思って走って逃げた。

とにかく無我夢中で走って大学の裏の塀を越えたら白百合学園で、そこでは痴漢と間違えられて先生に追いかけられ、さらに隣の靖国神社に逃げた。結局、オレを捕まえに来たわけではなかったとわかってホッとしたんだけどな。

3. お兄さん、株買いなよ！

——食うや食わずの状態から余裕が生まれ、現金の蓄えも少しできた。そこで相場の世界に入るわけだよね？

進駐軍に勤めたあとは、「エー・ポンビー商会」という洋服生地の卸売りをする会社で働いた。

ユダヤ人が経営していた会社で、ちょうどイスラエル建国の時だったから、支部が団結して「潜水艦を1隻、国のために寄付するんだ」なんて言いながら、真剣にビジネスに取り組む人たちがいたんだよ。場所は、銀座の資生堂の斜め向かいだった。

その少し先に、「天國（てんくに）」って天ぷら屋があった。これは今でもあるな。そのさらに先に「新橋」という橋があり、その橋を渡ったところに「日東証券」があった。手元の資金を株で殖やそうと考え、その日東証券に行ったわけだ。

さすがに、何も知らずにいきなり株を買うほどの勢いはなかったから、何度か店に足を運んでいると、ある日、日東証券の人に声をかけられたんだ。

「お兄さん、株買いなよ。まだ上がると思うよ」と。

オレは「どれがいいの？」なんて聞いて。まあ、今では想像できないくらい、のんびりとした会話だったな。
１９９１年まで指定銘柄制度というのがあって、平和不動産や旭化成など〝代表格〟とされる一部の銘柄で、信用取引の条件が有利になるというのがあったよな。その前身となる制度として当時は、特定銘柄制度というのがあったんだ。日東証券の人はそれらの銘柄を挙げて、「どれでもいいよ。大丈夫だと思うよ」なんて言うんだ。そんなやりとりをしながら結局、平和不動産を10株、92円50銭で買ったのが最初の取引だった。

――その後、継続して売買するようになったの？

その10株は思惑通りに値上がりして、利食いになった。その後も三菱重工などいろいろな銘柄を手がけて取ったり取られたり……でも、トータルでは利益になっていたな。これが昭和23年（１９４８年）、63年前のことだ。

スターリン暴落の時は、たいへんだったなあ。昭和28年（１９５３年）に旧ソ連の最高指導者、ヨセフ・スターリンが死んだことで、戦後復興や朝鮮戦争の特需を背景に上がっていた株価が大暴落したんだ。朝鮮戦争の終結が早まるという観測が悪材料で、主力株や軍需関連の銘柄に売りが殺到したわけだ。

——売買の方法などは、どうやって学んだの？

本を読んだ。きちんとした本が、けっこうあったんだよ。現在とは出版業界の構造もちがうわけだけど、今よりも真面目な本が多かったという印象だなあ。

チャートが載っている新聞、今のチャートブックのようなものがあって、そこで値動きを見たり、手法の本を読みながら自分でチャートを描いたりしていたね。

——そのころは、まだ相場の業界にはいなかったの？

イスラエル建国で、働いていたエー・ポンビー商会はなくなった。国ができたから、引き払ってイスラエルに移ったんだよ。

おふくろの妹が京都の織り元（織物の製造業者）に嫁いでいたので、そこで作ったちりめんを※売って歩くのが本業だった。それと同時に、大同証券というところで営業の下請けをやった。「客外交」と呼ばれていたよ。今ならば違法行為なんだろうけど、その当時はモグリではない〝まっとう〟な立場だったんだ。

でも、そんなオレを見た人が、声をかけてくれたんだ。隆昌（りゅうしょう）産業という商品会社の社長だった小島さんが、「そんな中途半端なことをしていないで、うちで働かないか」と。それがきっかけで、商品会社で営業の仕事を始めたのが、昭和30年（１９５５年）だ。

※ちりめん
高級呉服や風呂敷などに使われる、絹の織物。

4. 台所のない家

――その時点では、それなりの相場経験があったわけだよね。周囲に、まっとうな相場技術を教えてくれる人がいたの？

例えば、オレが書いた『脱アマ相場師列伝』に出てくる「安《やす》さん」だね。隆昌産業に入る前に、セントラル証券の店先で知り合った人だ。

当時の証券会社では価格を記入する黒板の前に長イスが並んでいて、そこに大勢の投資家が座って〝場〟を見ていた。だから証券会社に行けば、ほかの投資家と知り合う機会があったんだ。※

セントラル証券は木造2階建ての古い建物で、いろいろな人が来ていたなあ。中にはきちんと勉強している人やプロの相場師もいて、その中の一人が安さんだった。

とにかく「売り」しかやらない人だったが、一対一で相場のことを教えてくれたよ。たまに食事をするときは、だいたい郵船ビルのコーヒー屋で、お勘定はいつも安さんが払ってくれた。

株の面白さと同時に、相場の恐ろしさ、そして兜町という街で生きる術みたいなものを教わったね。「株と闘ってはいけません」とか、大切なことをたくさん伝えてくれたから勉強になったよ。

売買のやり方を教えてくれることもあったが、どちらかというとオレの自主性を重んじ、「自分で決めることですよ」なんて感じで、細かいことは言わない人だった。

隆昌産業に入ってからも、相場の勉強をする環境に恵まれていた。よど号ハイジャック事件※の時に乗客の身代わりになって北朝鮮まで行った山村新治郎さんも、オレに相場を教えてくれたうちのひとりだ。千葉県で代々、米穀商を営む家に生まれ、家業の一環として相場の世界にいたような人だった。オレは隆昌産業に所属する歩合の外交員だったけど、周囲の人はごくふつうの社員、仲間のひとりとして接してくれたので、いろいろなつき合いがあったよ。

※証券会社の店頭
私（筆者）が証券界に入った1980年代後半も、多くの中小証券の支店は、輝太郎から聞く店頭の風景と同じような状況だった。後場が始まる時間（当時は13時）には、ランチあとの常連客がイスに並ぶように座って「後場も頼むよ～」などと大きな声を出したり、隣の人に「社長、あんた何買ってんの？」などと話しかける様子を私は毎日眺めていた。

※よど号ハイジャック事件
1970年に発生したハイジャック事件。当時、運輸政務次官を務めていた山村新治郎がソウルに行き、犯人との交渉の末、人質の身代わりとなって犯人たちと北朝鮮に飛んだ。その後、解放されて帰国した。この英雄的な行動で有名になった。

――隆昌産業は、小説『赤いダイヤ』で有名な小豆買い占めの旗艦店でしょ?

正確には、いくつかあった旗艦店のひとつだな。昭和32年（1957年）に三菱商事や隆昌産業の小島社長などが組んで小豆を買い上げ、最後の最後で負けたんだ。ニセの倉荷証券が発行され、納会の日に驚くような暴落をみせて一巻の終わり。オレは、それを目の前で見ていたんだ。

そういえば、『赤いダイヤ』を書いた梶山季之さんに新宿のクラブで声をかけられたことがあったよ。「小説で使っている相場用語をチェックしてほしい」という話で、オレは快く手伝ったんだ。小説のまえがきにも、どこにも、オレの名前は載らなかったけどね（笑）。

そんないきさつもあったが、あの小説で気に入らないのは、実際には無関係だった児玉誉士夫が押田義男なんて名前で登場していることだ。オレが目の当たりにした事実とは違うし、小説とはいえ、それが実際の話として認識されているあたりが釈然としない。

――小豆の買い占めには、自分でも乗ったの?

もちろん。たっぷりとな（笑）。だから最後の最後で、一文無しになった。

終戦から10数年たって世の中も落ち着き、仕事も順調。だから周囲の人から、「こんどは嫁さんだな」なんて言われて……。住んでいた高円寺の土地は借地だったのでそれを買い取り、ちょうど新しい家を建てていた時だよ。大工に払う残りのカネも相場で消えたから、天井はペラペラの板を張っただけ、最後に造る予定だった台所は中止——中途半端な状態で工事を終了するしかなかった。
翌年の昭和33年（１９５８年）に結婚したが、台所がないので、料理も洗濯も庭の井戸の脇だ。今となっては思い出だがな。

——その大負けを、どう感じた？　相場に対する考え方を大きく変えるような出来事だった？

いや、単に「負けた」というだけだった。反省はあったが、相場に必然の「勝ち負け」の「負け」という、意外とあっさりした感覚だったな。だから、「また相場で取り返そう」という気持ちしかなかった。

親子だから、戦後にヤミ屋をやっていたことなどを断片的に聞いていた。しかし、あらためて話してもらうと点と点がつながり、戦後の混乱とその中で前を向いて生きていた、エネルギーに満ちた姿が目に浮かんだ。
昔の実家は天井の一部がひどく安ものの板張りで、湿気で波を打ったり、めくれ上がったりしていた。「カネがなくなったんだ」なんて説明を聞いた記憶はあったが、細かい経緯までは知らなかった。

狭い庭には井戸があり、鉄製の手押しポンプが備え付けられていた。季節に関係なく一定の温度の水が出てくるので、夏場の水遊びは楽しかった。手押しポンプの向かい側には電動ポンプがあり、地面の下で井戸とつながっていた。

私が物心ついたころは、さすがに台所があり、流しの蛇口をひねると、一般の水道と同じように井戸水が出て、庭の電動ポンプがウィーンと音を立てて連動した。私が生まれたのは昭和38年（1963年）だから、赤いダイヤの失敗などは完全に〝歴史物語〟である。

私が相場を始めてから教わったことは、こういった歴史の末にある完成形のようなものだろう。だから、このインタビューで勉強の経緯を聞いてみたかったわけで、そこで父が学んだ先人たちの歴史も、のぞき見てみたいと思っていたのだ。

このあと、安さんとの出会いから始まった〝技法の勉強〟について聞いた。

5. 実践者からの教え

——その後も隆昌産業で働き続けたの？

営業成績が良かったので、他社から声をかけられたことがあった。近藤良介という人が穀物の会社を経営していて、戦時中は日本軍に食料の麦を一手に卸すほどの規模で事業をしていたんだ。

彼は、穀物取引所の発起人でもあったはずだ。その近藤さんの会社に、「独眼竜」のペンネームで有名だった立花証券の石井久さんが働いていたことがあり、近藤さんと石井さんの２人は仕事上密接な関係にあったわけだ。

石井さんはそのころ、まだ立花証券を買収する前で、「江戸橋証券」という会社を経営していた。そのかたわら、「江戸橋物産」という別会社をつくって小豆を中心に商品相場の仕事をしようということになり、その経営に携わる者を選んでいる時にオレの名前が挙がったらしいんだ。で、そこにかかわっていた近藤さんから、「やってみないか」という話をもらった。

近藤さんはオレのことを知らなかったけど、彼は「冨士田音治郎」という芸名を持つ長唄の名取りで、長唄の師匠をしていたおまえの母親と偶然にも同じ一門だった。近藤さんが、そのルートで連絡をくれ、実際に会うことになったんだ。

その後は、条件について話し合いを続けたあと、最後には正式なオファーを電報で送ってくれた。今の時代ならメールか？

でも、所属する隆昌産業の小島社長がその話を聞きつけ、オレを引き止めたんだよ。隆昌産業では快適に仕事をさせてもらっていたから、裏切るようなことはできないと感じて、近藤さんからの話は断った。

——でも、商品会社の「ヤマハ通商」を立ち上げた。その経緯は？

独立したいという気持ちがあったからだな。たまたま資金を出してくれる人に出会い、小島社長ときちんと話をして独立したんだ。

でも、会社を経営するというのは難しいもので、資金を出してくれた人や周囲の人たちとのつき合いを含め、相場を張るのとは異なる才覚が必要だった。思ったようにはできなかったよ。

つらかったのは、信じていた部下に裏切られて金の工面に走り回ったことかな。本当に、いい思い出がない時代だ……。

今振り返って、よかったと思うのは、つき合っていた人の多くが相場社会の実践家だったことだな。評論家や、ヘンな理論家ではなくね。

オレは〝相場の職人〟を目指して勉強しながら、確信が持てたことを本にまとめた。その本がきっかけで、また別の実践家と話をしたり教えを受けたりする機会が生まれた。勉強になったよ。

――いきなり単行本を出したの？

いや、そうじゃない。最初は、廣済堂出版（現・廣済堂あかつき株式会社）が出している月刊の投資雑誌の編集者に声をかけてもらい、連載を執筆したのが始まりだ。

その連載で文章の経験を積みながら書きためることができた結果、隆昌産業で働いていた時代に小豆相場の本を出すことができたんだ。『小豆の罫線』を昭和35年（1960年）5月に、同じ年の9月には『小豆相場の基本』を出版し、どちらの本も何度も重版された。

その当時は、小豆相場の本が少なくて、この2冊はよく売れたんだ。親戚の家によく遊びに来ていた大手出版社の人に部数を聞かれて正直に答えたら、「そんなに売れるものか」と信じてもらえなかったくらいだ。

相場の本なんて、今でもマイナーなジャンルだからな。でも、仲買店（商品会社）の蘇田経済や豊商事が顧客に配布してくれたので、それだけでもけっこうな数だったはずだ。

本が売れても、儲けなんてたかがしれている。でも、出会いが増えた。「タマゴボーロ」で有名な竹田製菓の竹田和平さん※は実業家だけど、たくさんの会社の大株主として有名な投資家だ。おカネに関する本も執筆しているな。そういう人たちが訪ねてきてくれることもあったんだよ。

結局は、職人的に相場を行う実践家とのつき合いが中心だったが、執筆活動で新たな出会いが生まれ、自分が知りたいことを勉強するチャンスが増えたことは幸運だったよ。

※竹田和平

1933年生まれの実業家、投資家。祖父が戦前から作っていた「タマゴボーロ」の生産を機械化するなど事業家として活躍すると同時に、100社を超える上場企業の大株主だった。また、事業のかたわらで人材育成の場を主宰し、財や経験の社会還元に努めた。このインタビューの約5年後、2016年7月21日に満83歳で没した。

――思い出に残る「実践家との出会い」は？

例えば、山種証券をつくった山崎種二さんかな。山崎さんと話す機会ができたのも、『小豆の罫線』を書いたことがきっかけだった。

三好商店という現物商の社長が亡くなったので、通夜に参列したんだ。その席で偶然に山崎さんと出会い、名刺を渡してあいさつすると、「あの小豆相場の本を書いたのは、あんたか」なんて、どこかで見て名前を憶えていてくれたんだな。

そんな反応に対してオレが「話を聞かせてほしい」と頼むと、「わかった。明日の午後1時に事務所に来なさい。ひとりでですよ」なんて承諾してくれてね。

約束通り、ひとりで社長室に行くと、壁一面に手描きのケイ線が張ってあった。そこで1時間ほど、ひたすら相場の話をしたんだ。いろいろと含蓄のある言葉を聞かせてもらったよ。

例えば、「相場は分析するものではない。上手下手が問題なんだ。多くの人は勘違いしている」とか、「高値の期間と安値の期間を比べれば、安値の期間のほうが長い。だから〝売り〟に分があるんだ」といった、すごく実践的なことばかりだった。

残念ながら、それ以降のつき合いはなかったなあ。だって当時の山崎さんは、一外務員のオレにとっては雲の上の存在。でも、こういった貴重な教えが自分の研究結果や経験と重なり、仮説が確信に変わったり、新しい疑問や興味が生まれたりと、相場が好きなオレを大いに刺激してくれたと思う。

ちなみに、最初の単行本『小豆の罫線』は、原稿をそろえた時点で大いに悩んだんだ。実績がないから自費で出版しようか、でも本なんて儲かるものでもない、商売としては水物だからどうしようかと……。

そんな時に社団法人東京市況調査会から出してくれるというので、喜んでお願いしたよ。なにしろ初めての単行本だったからうれしくて、出来上がった本を枕元に置いて寝たくらいだ。

――ほかには？

さっき言った山村新治郎さん……あの人もオレをかわいがってくれたな。

あとは、『株式商品・成功相場大学』など数冊の本を出した相場師、鈴木隆さんとの出会いも印象に残っている。

昭和31年（1956年）に隆昌産業で働き始めたあと、たまたま丸宮商事という商品会社に立ち寄ったんだ。その時、古ぼけた背広を着た人が小豆3枚成り行き買いの注文を出して静かに帰っていくんだ。あとで聞いて、有名な鈴木隆さんだとわかったんだが、もっと驚いたのは、その年の上げ相場で200枚以上の買い玉を持っていたことだ。鈴木さんは乗せ※が得意だったが、上げ相場で枚数を増やしながらも買い玉の平均値をかなり安く抑えていたなあ。

正式に会ったのは、隆昌産業の専務だった高木さんという人に紹介された時だ。それ以後も数え切れないほど会って、いろいろと教えてもらった。〝相場の流れに従う〟という考えで売買していた人で、個人投資家のお手本となるような成功者だよ。「多額納税者議員」として貴族院で政治に携わり、政府の要職に就いていたこともある人なのに、偉ぶることなくオレの質問にも丁寧に答えてくれたなあ。

鈴木さんは昭和53年（1978年）に亡くなったけど、最後に会ったのはその半年ほど前、山種物産の人と一緒に銀座の交詢社のレストランで食事をした時だ。はっきりと記憶しているよ。

※乗せ（利乗せ）
見込み通りの方向に動いてから玉を増やしていくポジション操作の方法。

――乗せについて、一般には誤解も多いと思うんだよね。

乗せは、高等テクニックのひとつだ。上がると予想して買ったあと予想通りに上がったという状況で、買い玉を増やしていく、その増やし方を最初から計画しておくんだな。

利点は、上げトレンドに移ったと確信を強めてから玉を増やすので、本玉を増やす過程が精神的に進めやすいということ。そのかわり、最終的な玉の平均価格は、買いならば高く、売りならば安く、つまり数量を増やすほど不利になっていくのが欠点だ。

乗せは、自分の予想が正しいという気持ちが強まる中で玉を増やしていく、利益の可能性が高まる、しかし平均値段は不利になっていくという複雑な状況だから、コントロールが難しいな。

一般の人が行う乗せは、買って上がったところで興奮して、思いつきだけで玉を増やしてしまうというやり方だ。戦略とか手法と呼べるものではなく、コントロールできない玉をつくって突進するんだから、誤解というよりも、相場との向き合い方そのものが間違っているということかな。

ビデオ『売りのテクニック』の中でも話したけど、思いつきで玉を増やす行為を「小利口の小細工」という。買ったら見込み違いで下がっちゃったので仕方がないから買い増し、なんていう〝ヤラレナンピン〟も同じだ。

オレがつき合ってきた実践家たちは例外なく、こういった実際のことだけを考え、真に実用的なやり方だけを追い求めていたな。

――当時の業界は、今よりも〝大物〟と出会う機会が多かったの？

大物に会えるかどうかは行動しだい、今も昔も同じじゃないのか？　でも、取引所の界隈、いわゆる〝シマ〟の中に数少ない業界人がいたから、密度は濃かったかもしれないな。今とちがって、相場師と呼ばれるような実践家が証券会社や商品会社のオーナー経営者という時代だったし、実践家たちが、取引所を中心に狭い空間を共有していたわけだ。

独立した相場師で山本真一という人がいたが、相場以外にやることがないので年中、オレの店（隆昌産業）にあそびに来ていた。昼メシを食う相手を探したりしていたんだな。

山本さんは、サヤ取りが専門。食事をおごってもらいながら、いろいろなことを教わったよ。小豆が〝花形〟銘柄としてよく動いている時代だったから、サヤ取りのような地味な売買は「ゴミ拾い」なんて悪口を言われたけど、山本さんは立派な相場師だったし、オレも含めて尊敬している人は大勢いた。

さっき話した近藤良介さんからも、相場を教わったよ。近藤さんは長唄の名取りといっても、趣味の延長で名前をもらったような〝旦那芸〟のレベルではなく、歌舞伎座で開催する公演に出ていたほどの腕前だ。面白い人がたくさんいたよ、当時は。

有名なところでは、まあ有名といっても古い人だが、『大番』※という小説のモデルになった相場師、佐藤和三郎さんと会ったこともあるなあ。親しかった日経新聞の記者が、佐藤さんが作ったゴルフ場に招待されているというので、一緒にノコノコと出かけていったんだ。

ゴルフ場に着くと佐藤さんが出てきて、「前場だけ※一緒にやりましょう」って。別に相場を教わったわけではなく、単に9ホールを一緒にプレーしただけだった。

メディアが「最後の相場師」なんてニックネームをつけた是川銀蔵さんとは数回、証券会社の店頭などで会ったし、そば屋で食事をしながら相場の話を聞かせてもらったこともある。

でも、最も印象に残っているのは、やはり安《やす》さんだな。安さんの指導がなければ、今のオレはなかったと思う。

実は、安さんとのつき合いには20年くらいブランクがあったんだが、たしか林投資研究所を立ち上げた直後に偶然、新宿歌舞伎町の通りでバッタリと再会したんだよ。安さんは当時、彼の友人が病気で入院している間、歌舞伎町のポルノショップの店番を頼まれていてね。そんなことがあって、あらためて安さんと相場の話をする機会に恵まれたんだな。ただ、不思議なことに、もともと安さんの印象が強かったせいか、ずっと継続してつき合っていたような感覚が残っていたなあ。

※大番（おおばん）
作家「獅子文六」の大衆小説で、人気が出たために映画化された。フジテレビの連続ドラマになった時は、渥美清が主人公を演じた。

※前場（ぜんば）
ゴルフは通常、18ホールをプレーするが、相場業界の人間は前半の9ホール（フロントナイン）を前場、後半の9ホール（バックナイン）を後場（ごば）と表現した。さすがに古い言い方だが、今でも一応は通じるのではないだろうか。

——話が少し戻るけど、勉強の本は単純に買い集めたの？

長い期間この業界にいて勉強を続けているから、本はたくさん買ったな。今でも保存してある中には貴重なものもたくさんある。でも、最も夢中になって本を読んだのは、相場の業界で仕事を始める前だったかもな。

進駐軍で働いたり、ユダヤ人経営のエー・ポンピー商会で働いたが、隆昌産業でセールスとして働き始める直前は失業しているような状態で、時間がたっぷりとあったんだ。そのころの約1年間は、図書館に通って相場の本を読みあさったよ。

今の国立国会図書館（永田町）の前身が国立図書館で、東京の上野にあったんだ。そこに、雨の日も風の日も通い、合計で２００冊くらいの相場本を読んだ。終戦後だったから、ちまたでは本を入手しにくい状況だったし、カネもなかったからな。大阪にある、中之島図書館にも通ったよ。

そういえば鈴木隆さんが亡くなった時、彼が残した相場の本を買い取ろうとしたんだけど、惜しくも逃したんだよ。鈴木さんのご家族から「蔵書を引き取らないか」と連絡をもらい、そこで亡くなったことを知って驚いたのだが、オレは即座に「買います！」と返事をした。

ただ、次に連絡が来た時には、「林さんよりも先に返事をくれた人がいました。残念です」と言われちゃってね。ご家族や関係者の複数が同時に動いて、業界の人に声をかけていたんだろうな。

現代のように便利な通信手段もなかった時代だが、人の感情、人と人のつながりは同じだったはずだ。大量の情報があることに惑わされない、適切な勉強の方法を考えさせられるエピソードの数々である。

ここからは、輝太郎が戦後の経験から学んだ相場の考え方を中心に話を聞いた。

6．取れるものなら取ってみやがれ！

――周囲の実践家、つまり売買のプロたちの手法は？

「サヤ取り」か「うねり取り」、大部分はこの２つに集約されたな。でも、「売り」が専門の人もいた。下げを狙って売りを仕掛ける、これだけをやる人だ。山崎種二さんなんかが、この部類だ。

売りで利益を上げて、手持ちの現物のコストはゼロ未満、大幅な〝マイナス〟になっていたんだから。鈴木隆さんが得意とする「乗せ」も、ひとつの分野といっていいんじゃないかな。

オレは、そういった実践家たちの影響を受けながらも、オーソドックスなうねり取りを主に、理論を排除した売り買いの実際を勉強してきたんだ。

——でも日東証券で売買を始めたころは、我流だったんでしょ?

初めての売買はもちろん我流で、まぐれ当たりだよ。ただ、図書館通いで勉強していたから、やみくもに売り買いしたわけでもない。

日東証券の社長は土屋陽三郎という有名な相場師で、相場の本も出していた。彼の本も読んでいたから、日東証券の店先でその本の内容を話すと、営業の人が「その通り」なんて答えてくれたり、話の流れで相場の実践についていろいろと教えてくれたものだ。

ある時、日東証券の経理部長がアドバイスをくれたんだ。その経理部長は相場のことを理解している人だったから、大勢の顧客の帳面を見ながら、一人一人の売買レベルを自然に判断していたんだろうな。

日東証券の人たちと理論的な話をすることもあったが、あくまでも実践を前提にした議論だな。もちろん、くだらない強弱論争をすることなどない。上手に売り買いして、相場の波を泳いでいく方法について意見を交換していたよ。

今みたいに細かいことを定めた法律がなかったこともあって、業界そのものが大らかで、現場ではまっすぐに相場に目を向けた本音の議論しかなかった。


――現在は、金融業者を規制する法律が整備されているからね。当時は、今のような法律がなかったから、看板を出している業者がメチャクチャなことをしていたのでは？


たしかにそうだな。今とはちがって、それぞれが勝手にやっていたような時代だ。だからこそ本音だけの世界があったんだが、中にはひどい輩だっていたよ。

ある日、オレのお客さんから相談を受けたことがあった。その人は、ほかの商品会社でも取引していたんだが、そこに預けてある資金を引き出そうとしても応じてくれないというんだよ。

そこはモラルの低い店で、いわゆる〝呑み屋〟だったわけだ。顧客の注文を場にさらす（きちんと取引所につなぐ）ことなく、競馬の呑み屋と同じように自分で抱えてしまうから、顧客にムリな売買をさせて短期間で損をさせ、その損を丸々いただこうって狙いなわけだ。

顧客が自然に損するのを期待して注文を呑むだけの業者もいたが、その店は損させるように誘導して「とっとといただこう」っていう根っから悪質な業者で、倫理的に許しがたい営業姿勢だったんだよ。

オレのお客さんは、その店で売買して利益を出したんだ。その利益金を引き出そうとしたんだが、店としては出金を食い止めなくちゃならない。注文を呑んでいたのに利益金を出されたら、丸損だからな。その利益を再投資、証拠金に充てて派手に張らせて損をさせ、最後にいただくのが呑み屋の論理だ。

でも、なんとか出金を食い止めるといった対応じゃなくて、とにかくカネは渡さないの一点張りだと聞いてオレが同行したら、最初から人を脅すような口調で、返すつもりなど毛頭ないことが明らかだった。こわい顔をした人が机の上にドッカとあぐらをかき、「取れるものなら取ってみやがれ！」とタンカを切るし、グッとめくったシャツの袖の下には、入れ墨があったよ。

何十年も経過しているから今では笑い話だが、イヤな記憶だ。しかも、その入れ墨者が、その後も業界でそれなりの立場に就いていたんだからな。業界全体がそうういった悪い風潮を引きずってきた部分は、心底「いやだなあ」と感じるよ。

――そういったことを見てきて、自身の商品会社「ヤマハ通商」は〝真面目な〟会社にしたいと思ったわけ？

特にそんなことを考えた記憶はないね。だって、お客さんに儲けてもらいたいと考えたり、お客さんと共存共栄するといった発想は、当たり前だろ？　「求められたら預かっているおカネを返す真面目な会社」なんて、力んで言うようなことじゃあない。だから、〝ふつう〟に商品会社をやるという気持ちだけだった。

ただ、目指すものは明確にあったな。安さんのように相場の道を教えてくれる人は、時代を問わず少ないと思うんだ。それに彼は、徹底的に〝相場の職人〟だった。だから、個人投資家を相手に自分が安さんのようになろう、経験や勉強を通じて覚えたことを伝えよう——そんな思いはヤマハ通商のころからずっと同じだ。そして、その思いを最も具現化したのが林投資研究所だよ。

——今の株式市場は、戦後と大きくちがうと思う?

兜町と蛎殻町を隔てる日本橋川に、橋がかかっている。その橋のたもとで、ケイ線を張った戸板を立て掛けて相場解説をしている人がいたね。今ならばインターネットで情報が飛び交うんだろうが、当時はシマの中で直接的な情報交換をするのが当たり前だった。親しい人の事務所を訪ねたり、道ばたで立ち話をしたり、のんびりとした風景だったな。

でも、相場は相場だ。多くの人が利益を求めて集まっているのが、「市場」という場所だろ。例えば、江戸時代のチャートを今も資料として大切に保管しているけど、その〝上げ下げ〟を見ると、今の相場の上げ下げと特に変わったことなどない。説明されない限り、大昔のチャートだなんて誰にもわからないんだよ。

長年この業界にいて時代の移り変わりを見てきたが、最も大切なのは値動きに対して自分がどう動くのか、という部分だろうね。

昔のシマの風景を聞いた私は、自分が証券マンとして兜町にいた80年代のバブル期を思い出した。取引システムはコンピュータ化されていたが、東証には依然として立会場が残っていて、活況のときには場立ち※同士が文字通りぶつかり合っていた。そのため立会場には、背の高い人やラグビー部出身の人が多かったという。

営業の現場では、古株の歩合外務員が昼休みに自作のビラを配っていた。Ｂ４サイズの紙に前場の市況や「街の噂」と題した怪しげな仕手株情報を手書きし、それをコピーして兜町の通りで道行く人に手渡していたのである。

うさんくさいとばかりに、よけて通るビジネスマンが多かったが、「戸板にケイ線を張る」のと同様にマーケットの自然な姿といえば、納得する人も多いだろう。

商品会社の人たちと飲んだ際に、輝太郎から聞いた「取れるものなら取ってみやがれ」の話をしたところ、そのうちの一人が「オレの時代、そういう会社では担当者が居留守を使っていたよ。『返さない』って面と向かって言うのだから、いくらかマシだったのか？」などと言った。

すると別の人が、次のような発言をした。「マシ？　どこがだよ。そもそも受付もないような小さなオフィスで、居留守なんて発想がなかっただけでしょ。とにかく長年にわたって、不真面目な会社があったんだよ」

現在は法律が整備され、業者もお行儀よくせざるを得ない。だが、カネが飛び交う社会というのは、一般から見れば特殊な世界だ。倫理的な線引きを別とすれば〝きなくさい〟話が飛び交うのが自然なこと、それがマーケットの真の姿だと思う。

「適正な価格形成」という教科書の説明をあざ笑うかのように、行きすぎた高値をみせたり、売られすぎて異常な安値をみせる、そこに向かって大きなトレンドをつくるのが相場である。

林投資研究所が提唱する相場技術論からは、「トレンドの影に生まれる〝デマを含めた裏情報〟に惑わされるな」というメッセージが生まれるのだが、マーケットの〝やんちゃ〟な部分を否定してしまったら、相場を正しく認識することはできない。

※場立ち（ばたち）
立会場（たちあいじょう）を歩き回りながら自社の注文を処理する、証券会社の担当者。

7．相場以外は全部ダメ

——カナダに行っていた時期があったね。何の仕事をしたの？

ヤマハ通商の時代に、大手商社の人が、カナダで小豆を栽培するという案件を個人的に持ってきたんだよ。その話に興味をもち、何度も現地に足を運んだんだ。カナダの農業省の人などもからんで、それなりのプロジェクトだった。

カナダの北のほうで栽培する計画だったが、その場所は土地がやせていた（土の状態が悪かった）ので、まずは別の草を植えて状態を改善するってことになり、オレたちはアルファルファ（和名＝ムラサキウマゴヤシ）という草を育てた。

緯度が高いから、昼間が20時間くらいあるんだが、驚くことにアルファルファは、夜の数時間で5センチくらい伸びるんだよ。寝ているとワサワサと音がして、目が覚めるんだ。信じてもらえないような話だが、本当なんだ。

——肝心の小豆栽培は？

ああ、それは失敗だった。いやね、栽培そのものが失敗だったのではなく、たまたま同じ時期に大手の和菓子メーカーが、やはり小豆の栽培をしようと乗り込んできて、その会社に取られてしまったような結果だったんだ。

オレも小豆に関しては、相場を張るだけでなく、産地の天候や栽培のことなどを詳しく勉強して一定の専門知識があった。だから声をかけてもらったわけで、ロッキー山脈が形成するなだらかな斜面の「どこに畑を作ればいいのか」を考えたりする、そんな役割だったわけだ。でも、和菓子メーカーのほうが、知識や人員構成などで総合的に上だったから、仕方がなかったってことだ。

確認すらしていないが、今でも栽培を続けているんじゃないかな。

――カナダでのビジネスは、それで終わり?

いや、ほかにもあったさ。例えばハチミツ。

小豆の栽培を計画していた地域で、質の良いハチミツが取れるんだ。その生産者によると、「ユダヤ人に買いたたかれて儲からない」ってわけだ。そこで、それを適価で買って日本に輸出しようと思いつき、まずはお試しで適当な量を買い取り、船に積んで日本に運んだんだよ。

横浜の港に着いた荷物を見に行くと、ドラム缶がズラリと並んでいてね。「おお、オレが買ったハチミツだ」なんて、ちょっとうれしくなって眺めていたことを覚えているよ。

そうしたら、大手の製薬会社から電話がかかってきたんだ。「あの荷物はあなたのものですか?

まとめて売ってほしいのです」って。何に使うのかと思ったら、糖衣錠※の原料にするっていうんだ。糖尿病の薬を作るのに、糖衣に砂糖なんて使えないから、ハチミツを使うらしいんだな。

オレは喜んで売ったよ。そのハチミツの一部はビン詰めにして、親類の和菓子屋で売ってもらったら評判が良くて、予想よりもずっと早くに売り切れたよ。

金額は小さかったが、うまく儲かり、「よしっ」というので継続して輸入しようと再びカナダに行くと、その製薬会社がすでに生産者と契約したあとだった。

※糖衣錠（とういじょう）
にがい薬を飲みやすくするために、外側を糖製品でコーティングした錠剤。

――成功例はないの？

ウニかな。カナダの湾には、ウニがたくさんいるんだよ。リアス式海岸で湾ごとに種類が異なり、食用のものとそうではないものがいるんだが、どちらにしても当時のカナダでは、ウニを食用としていなかったし、地元では漁業か何かのジャマになるという理由から、ウニを捕ると補助金が出たんだよ。そこに目をつけ、湾の近くにいるヒマな人に声をかけて日雇いでウニ漁をしてもらったんだ。

ところが、人を集めて日当を前金で渡したら、みんなそのカネで酒を飲んじゃって、ひとりも仕事をしない。反省して、2回目からは後払いにした（笑）。

まあ、そんなことをしながら日本人が食用として好むウニを集め、船で日本に運んだわけだ。すると、とても評判が良かった。

「こいつは商売になる」というので継続してウニの輸入をしようとしたんだが、別の会社が地元の業者などと契約してルートをつくってしまい、これまた〝トンビに油揚げをさらわれる〟状態で、まんまと持っていかれた。

あと、ブルーベリーもあったな。これも、ほかの業者にルートを押さえられてしまったので、商売にはできなかったんだが。

――どんどんダメな話になっていくじゃない……

結局、商売はヘタクソで、継続的に儲かったものはなかった。相場だけだ、きちんと結果を出すことができたのは。

考えてみれば、相場の世界というのは実に単純だ。値動きは激しいし、まさに「生き馬の目を抜く」世界だが、すべてが規格化されていて価格の交渉や仕入れ・販売のルートをつくる努力とか、そんなものは不要だろ？　だから、相場の世界でうまく立ち回れるからといって、いわゆる商売が上手にできるということではないんだ。

実際、その時期にちょくちょくカナダへ出向いていたため、会社の状況に目が行き届かなくなり、トラブルが起きてしまった。

まあ、商売のセンスはないし、人を使うことも苦手で、あらためて相場だけに絞ることを決意したんだよ。

親切に相場の手ほどきをしてくれた安さんをイメージして、相場の職人でありながら一般投資家の指南役、そんな道を追究しようということで、「林輝太郎投資研究所（現・林投資研究所）」を設立した。それが、昭和47年（1972年）だな。

月刊誌の連載をきっかけに単行本を出したり、セールスマン時代から自分の顧客にレポートを配信していたから、文章を書くことには慣れていた。だから、正式な設立の前年、昭和46年（1971年）に『研究部会報』を創刊し、会報への執筆を中心に、現在までずっと相場のことを書いてきた。

輝太郎は「オレに商売のセンスはない」と言い切るが、息子の立場から長年見てきて、そうとは思えない部分もある。実際、ヤミ屋ではうまく立ち回り、大学に通いながら家族を養うという器用な戦後生活のスタートを切った。カナダにおけるハチミツやウニも中途半端な姿勢で失敗したとはいえ、発想力や行動力は十分に評価できる。

しかし、人との接し方やつき合い方は私から見て、あり得ないほど不器用である。真面目でせっかちな性格なのだが、度が外れていて、例えば人との待ち合わせでは必ずトラブルになる。

輝太郎が待ち合わせ場所に遅れることは絶対になく、常に早めに到着するのだが、自分が着いた時点で相手がいないと、それがたとえ5分前でも10分前でも、あるいは15分前でも、「いない！」と言って近くを早足で歩き回るのだ。しかも、その範囲がかなり広い。だから、相手が時間通りに来ても会うことができないのだ。人に仕事を頼むときの指示だって、お世辞にも器用とはいえない。

林投資研究所を訪ねてきた人に対する相場の話は１００％の真剣勝負で、相談に来た投資家が少しでも甘い表現を使うと、「あんたひとりのカネじゃない。家族のカネなんだ！」などと怒鳴りつけたりすることもあった。本を買いに来た人に対して「そんなものは読まなくてもいい」と言い、相場に対する姿勢を長々と話して帰してしまうことさえあった。

「あれで目が覚めました」と感謝してくれる人も多かったが、こだわりが通じないまま、わけもわからずに帰ってしまう人もかなりいたのではないだろうか。

いろいろな観点から勝手に分析すると、他人の感情を理解しながらものごとを進めるのが苦手なかわりに、マーケットの変化やマーケットにおける価格変動などに対して行動するのは得意だったのではないか。

日常生活では、ほんの少し想定外のことがあっただけで、考えられないほど何もできなくなってしまうところがあった。ところが戦後の混乱期にヤミ屋を営み、それなりに立ち回っていた。

とにかく、いろいろな経験から自分の強みを再認識し、プレーヤーとして活動しながら投資家の指導を行うという道を選んだわけである。

8. 職人の売買、うねり取り

――唯一うまくいったのが相場……とはいえ、赤いダイヤの時は買い方で参加して負けたんだっだね。その大損のあと、どうしたの？

工事は中途半端だったが、生活できる状態の自宅が残った。借地だった土地も買い取っていた。でも現金がない。だから、ふだんの生活に必要なカネもない状態だったわけだ。そんな時、オレに相場を教えてくれた実践家たちのひとり、山本真一さんという人が、なんと売買の資金を貸してくれたんだ。

しかし、2つの条件を与えられた。1つめは、「生活費などに使わず、相場の資金としてのみ利用する」ということ。2つめは、「基礎的な売買の練習をしろ」という指導だった。

お金を貸してくれたうえに基礎の練習をするように忠告されたのだから、ストレートに「このへタクソ！」と言われるよりも、ずっと強烈に響いたよ。赤いダイヤの直後だから、まだ隆昌産業のセールスマンとして働いていたころだ。

オレは、言われた通り、小豆で単純な売買を繰り返した。「1枚、1枚」、あるいは「1枚、2枚」という2分割で仕掛け、それを一括で手仕舞いする練習だ。

――「うねり取り」という枠組みの中での練習だね？

そうだな。小豆は穀物だから毎年、新物が収穫される。季節によって需要も変化する。つまり、ある程度の季節（期節）的な変動があるわけだ。それを基にした売買だから、いま流行の超短期売買で回数をこなすようなものではない。でも、この練習売買によって、いくら頭の中で考えてもわからないこと、売買の軸になる大切なことを学んだな。

――それはなに？

説明するのが難しいんだ……。「やればわかる」「やらないとわからない」みたいな答えになっちゃう。いくらなんでも乱暴だと言われてしまうが、実際にそういう〝体験した者だけがわかる〟感覚だな。おまえなら、わかるだろうが……。

例えて言うなら、食べ物の味かな。パイナップルを食べて「甘い」「おいしい」と感じるが、その甘さを言葉にすることは困難だし、1回や2回食べただけでパイナップルのおいしさを本当に理解するかというと疑問だろ？　実際は、イヤになるくらい食べないと、本当の味なんてわからないはずだ。

「大切な学び」について、強いて言えば、単純な基礎練習によって〝損切りができるようになる〟ということが挙げられるな。オレは、基礎売買を1年半ほど繰り返したところで、「基礎ができた」と感じた。

予想なんて当たったり外れたりだから、予想が外れた、あるいは手が合わないときは建てた玉を切って出直すしかないわけだ。だから、損切りは重要だ。オレは、「基礎ができた」と同時に「損切りを淡々と実行できるようになった」と感じたね。

ところがその後、調子に乗って売買数量を増やしたら、できると思っていた損切りができずに痛い目に遭った。「淡々とできる」なんて感じる、そんな自分への褒め言葉が頭に浮かぶうちは、まだ淡々としていない、できていない状態なんだろうな。

――読者から、「林輝太郎先生の本には〝損切り〟という言葉があまり出てこない」という感想を聞いたことがあるけど……。

損切りは大切な観点だから、ふつうに書いていると思うがな。もし、そう感じる人がいるのなら、流行のデイトレードの本が影響しているんじゃないか？

多くの人の興味に合わせて書かれた本は、売買を「仕掛け」「手仕舞い」と短絡的に片づけてしまっているわけだ。「株の買い方」だけを説いたものよりはマシだが、売買の数量や分割売買といった大切な視点が抜け落ちている本が多い、そう感じるね。

加えて、狙いが短期になるほど「当てよう」という方向に傾くから、数量とか数量の調整に目を向ける姿勢がますます薄くなってしまう。

オレにとって売買とは、まずは試し玉を入れ、動きを見ながら本玉を建てていくというもの。だから、極端に言ってしまえば、損切りは試し玉の段階で行うことで、本玉を建て始めたあとは損切りをする必要がないんだ。

それに、試し玉から本玉という進め方をするだけで、「ダメだったら撤退」という考え方が黙っていても盛り込まれる。

こういったことから、短期の売買について説明されたものや、数量という要素を無視した説明の中で、「私の説明はとても実践的ですよ」と言わんばかりに、必要以上に〝損切り〟が強調されるんじゃないだろうか。

――基礎の練習というのは地味だから、多くの人が嫌がるよね。

オレは自分の経験から、単純な基礎練習をしなさいと多くの人にアドバイスしている。でも、大部分の人は苦行のように感じるらしく、「どれくらいの期間ですか?」と切り返してくるよ。

経験が少ない、あるいは技術がない段階で大きな資金を動かすほうが苦行ではないかと思うが、オレ自身もそうだったように、すぐに大きな売買をしたくなるものだ。でもガマンして、最低でも2年間は基礎の売買を繰り返すべきだ。その基礎の売買によって土台が固まるから、経験を積みながら技術を身につけていく器ができる。

――商品会社の営業マン時代の練習売買は、いわゆる〝手張り〟だよね?

そうだけど、その当時は現在のように、従業員自身の売買を制限するルールなんてなかったから、法的な問題もなければ、コソコソやらなければいけないといったマイナス面もなかったんだ。

でも今は、家族も親類も売買したらダメなんて極端な禁止ルールを設けている証券会社や商品会社があって、事故を防ぐために〝とにかく売買させない〟という方向に大きく傾いているな。

そういったことの是非はともかくとして、当時、少なくとも規模の小さい店(証券会社、商品会社)では社長が、「1枚、2枚でもいいから、自分で売買しろ」と手張りを奨励していた。自分が知らないものを客に勧めるのはおかしい、という論理だよ。

一時期の証券会社では「手張り」という言葉を、「お客さんの資金を勝手に使う自己の売買」という意味で使っていたみたいだな。

カネの魔力と人を管理することの難しさをあらためて考えさせられる部分だが、オレにとって手張りという言葉は、業者としての正しい姿勢を基礎とした、とても純粋な個人の売買だよ。それぞれの判断で勝手にやればいいと思うんだが、そうもいかないようだなあ。

ヤマハ通商のころ、それから現在の林投資研究所を設立したあとは、自分の立場を考えて売買を控えていた時期があった。それは、自分自身のバランスを考えた対応だったわけだが、その時期でも基礎売買の練習を繰り返していたよ。

相場の資金を失ったあと、借りたカネで基礎売買の練習を繰り返した輝太郎は、うねり取りを中心に相場の実践を続けながらも、さまざまな観点で売買全般を研究し、実践を重ねてきた。

インタビューの最後では、その研究・実践の経緯とともに、相場とどう向き合うべきかという哲学を聞いた。

9. サヤ取りは相場ではない

――売買手法の変遷では、「うねり取り」が中心だったようだけど、「サヤ取り」も積極的に研究してきたよね？

昔も今も、サヤ取りを実践する人は少数派だ。手堅いけれど面白みがないということで興味をもたない、あるいは少しやってみて現実に儲かっても続けない、そんな人ばかりだな。

オレがいろいろなことを教わって世話になった山本真一さんもサヤ取り屋で、しっかりと利益を上げて財産を持っていたが、さっき言ったように、小豆が華やかに動いている中で「ゴミ拾い」などと揶揄《やゆ》されていたほどだ。

小豆の片張りをやる人が限月間サヤを見ていたり、あるいは小豆と手亡（白インゲン豆）のサヤを見ていたりしたが、サヤ取りそのものを実践するのは、ごく限られた人たちだけだったね。

でも商品相場において、サヤというのはとても重要な要素だ。サヤを抜きに商品先物は語れない。だからオレは、「サヤこそ相場」という考えを大切にしている。

オレが山本さんに教わってサヤ取りを勉強した当時、サヤ取りに関する教科書なんてなかった。でもオレは、「片張りのためのサヤの知識」ではなく、サヤ取りそのものを真剣に勉強したんだ。

数少ない文献を頼りにしながら、身近にいた実践家にも教わったよ。その過程で、例えばロスチャイルドがサヤ取りで財を築いたことを知ったたし、市場に対する視野がずいぶんと広がった。そもそも教わるまで、サヤ取りという手法を知らなかったんだから。

だけど、サヤ取りは〝相場〟ではないんだ。

――「サヤこそ相場」だけど「サヤ取りは相場ではない」とは？

別に、禅問答じゃあない。サヤ取りは手法のひとつに違いないが、「相場」ではなく「利殖」だという意味だ。

商品先物でうねり取りを行うのに、どの限月に玉を建てるのが最も有利か――納会までの期間と自分の売買手法、あるいは狙いなどを基準に限月を選ぶことになるが、その際、限月ごとの価格差も重要だ。サヤのつき方、あるいはサヤの変動といった要素を、片張りにおいても考えるわけだ。

それに、サヤという概念が生きるのは、限月制の先物市場に限らない。株式市場にだって、株価指数先物と現物のパッケージで行う〝裁定取引〟と呼ばれるサヤ取りがある。個人が行う個別銘柄の売買でも、例えば同じ業種の中で一部の銘柄が先行して上がれば、ほかの銘柄が「出遅れている」といった発想が生まれる。これこそ、サヤという観点での観察だ。あるいは、同業種でも異業種でも「割高」「割安」という比較が行われる。これも、「サヤを観察すること」と言えるだろ？

——サヤ取りという手堅い利殖に興味を示す人が少ない理由はなんだろう?

カネを動かすことに刺激を求めるんだろうな。多くの人は、「リスクを減らす」とか「預金の金利を上回ればいい」などと口では言うものの、刺激がないとやめてしまう。ごくふつうの人が陥る落とし穴なんだろうが、証券会社の営業姿勢とか、雑誌に載っている無責任な記事のせいもあるよ。サヤ取りのような手堅い方法で、初心者であるにもかかわらず利益が出ているのに、「つまらない」と言ってスリルのある危ない売買に移行するんだ。

その前に、そもそもサヤ取りという考え方にたどり着くのが困難だ。たどり着いたとしても、誤ったサヤ取りを行っているケースが多いと思うよ。最近は個別銘柄の売買にＥＴＦやＣＦＤをからめる手法が紹介されたりして、いろいろなことをやる人が増えているようだ。

でも、手数《てかず》が増えるだけだし、ヘッジとかサヤ取りといってヘンな組み合わせをつくると、単に片張りの思惑を２つ持っているだけになってしまう恐れもある。

——考え方が大切だと?

そういうことだ。良い意味で幅を広げるつもりでも、複数のやり方を同時に行うと、全部がダメになる。結果なんて出ない。でも、単純な片張りにおいてもサヤという概念は大切だし、サヤ取りの経験があれば、ほかの売買で役に立つことも多いだろう。

オレはいつも投資家に「手を広げると失敗する」と言っているが、視野は広いほうがいいに決まっている。

多くの人の発想が「買うこと」に偏っているのも、視野が狭い事例のひとつだな。モノを持たない先物取引でも買いから入る人が多いんだから、偏りというよりも錯覚かな。

サヤを考えることで「売り」の大切さもわかるから、買い偏重も減るし、カラ売りという発想も自然なものになる。現実に行うのが買いだけでもいい、それはそれで選択肢のひとつだが、例えば、玉を持ちっぱなしにしないで「休み」を入れるという実践的な発想も、視野を広げることで当たり前のことになるわけだ。

オレが『売りのテクニック』というタイトルで本とビデオを作ったのも、一般の投資家があまりにも「売り」を考えていないことが問題だと感じたからだよ。

10. 完全なシステムなんてない

——中源線建玉法《ちゅうげんせんたてぎょくほう》には、相場の基本となる要素がわかりやすく盛り込まれていると思うんだけど、そもそも何がきっかけで手がけたの？

中源線を書籍としてまとめたのは林投資研究所を設立したあとだが、商品会社のヤマハ通商を経営していたころに研究を始めていたんだ。

いつの時代でも同じようなものがあるが、その当時も「相場の必勝法」を売る詐欺行為が流行したんだよ。そして、たまたまオレのお客さんが引っかかり、相手を告訴する騒ぎになった。実は、その事件がきっかけだったんだ。

〝絵に描いたような〟必勝法なんてあるわけがない。でも、必勝法に近づくというか、数式的な要素を取り入れるというか、とにかく感覚による売買とは違うものを研究してみようという話が、業界で親しかった人たちの間で持ち上がり、いろいろと調べ始めたんだ。現在のシステム売買と発想は全く同じなんだろうな。

――相場の必勝法は当然、大昔から研究されていたんだよね？

そうだな。コンピュータが身近ではなかった当時でも、「必勝法」とうたわれるものがいろいろあった。だから、オレが数人の仲間と一緒に行った研究、中源線の完成につながる研究の初期でも、ちまたにある予測法、既存の機械的売買法を探すことから始めたよ。

ところが、なんだかインチキくさいものばかりでなあ。とにかく、「これはいい」と思えるものが見つからないんだ。

ひとつの完成品として世間に公表しているものなのに、無理やり〝当てよう〟としていて実用性に欠けているものがあったし、最初から人をだまそうとしているようなものも多かった。

そういったヒドいものを除いても、〝必勝法〟という夢をムリに追いかけて中途半端に終わっているようなものばかりだった。実践的な観点が欠けているんだよ。

——中源線のもととなる記録は、どうやって見つけたの？

まず、いろいろと調べているうちに、中源線の伝説を聞いた。それ自体が怪しげだったわけだが、「すごいらしい」というので調査を続けた。すると、いろいろな情報が集まったんだ。

しかし、それこそ「中源線」という名前だけで、どこかの誰かが無責任に創作したようなものがゴロゴロあって……続けるうちに、どうやら本物らしいというものにたどり着いたんだが、それも断片的な記録だけで、それでさえも怪しげだった。

まあ、とにかく〝それらしい〟ものを見つけた。単なる予測法ではなく、「建玉法」としての要素をもつ、正しい考え方が紹介されている資料に出会ったわけだ。研究の対象として十分な実践的な内容を含んでいると判断し、それを突破口にして調査・研究を進めていった。

最終的には、足りない部分を自分たちで考えた。その過程では、膨大な過去データを検証したし、いろいろな観点から議論を繰り返したね。そして完成したのが、現在の『中源線建玉法』だ。

――中源線の長所は、「常に同じ基準が維持されること」と「手仕舞いの指示がある」ことだと思うんだよね。

使っている人の相場観とは別のところで、数式による判断が行われるわけだから、それが欠点といえば欠点だが、基準が一定していることは最大の長所だな。どんな情勢であろうと、終値の推移だけで機械的に判断するのだから、いわゆるブレがない。

手仕舞い、つまり「建てた玉を必ずゼロにする」ことは、ちゃんと相場を学んだ人にとっては当たり前だ。だけど、初心者やヘンなクセがついている人にとっては、利食いでも損切りでも玉を切ることに抵抗を感じて実行できないから、中源線のルールはとてもありがたいよな。

だから中源線は、「練習の道具」としても優秀なんだ。そして練習の段階を終わったあとでも、売買の道具として非常に有効ってわけだよ。

――分割の売買も大きな特徴かな。

それこそが、実践的な部分だ。陰転時でも陽転時でも、転換後の最初の売買は順張りになるが、その後の増し玉や、途中の手仕舞いは逆張りで、簡素な3分割だ。機械的な判断だけでは「当てよう」という発想の延長ともいえるが、分割売買という要素が加わることで、全く異なるものになる。売買の技法というものは、分割売買から始まるといっていい。

――中源線をひとつの手法として分類するのかどうか、という議論があるよね。

単に〝言葉〟の問題だが、「ひとつの手法」でもいいと思うよ。でも、強いて言えば、「うねり取り売買を実行するための道具」だろうね。

――ついでの質問で、ツナギ売買については？

ツナギはツナギで、ひとつの手法だ。「山種」の名で知られる山崎種二さんは、ツナギのコストダウンで財をなした。だからオレも、ツナギについて研究と実践を重ねた。ただし実践面では、うねり取りのためのツナギが中心だったな。うねり取りである程度のレベルになり、値動きを受け止めて感覚通りの売買を実行するためには、ツナギが不可欠な技ということだ。

でも、「ツナギを利用すればいい」というものではない。やたらとツナギを使う人がいるけど、〝ひねくれたワザ〟を使うだけで内容的には〝堕落〟している、そんなケースばかりだ。

ツナギを駆使するプロでも、やたらとツナギ玉を建てないよ。無意味にツナギをかけたら、自分ではどうすることもできない玉、つまり対処不能な「両建て」が出来てしまうだけだからな。

流行のシステム売買でも、同じなんじゃないのか？　工夫しようとして余分なことばかり考え、自分では手に負えない複雑なものを作ってしまう……しかも精度は低い。まさに悲喜劇だ。

――中源線について、もう少し聞きたいんだ。中源線を「システム売買」のツールとして使う人も多くいるよね。

それはそれで、いいと思う。機械的な判断で売り買いの法示（中源線における売買シグナル）が出るんだから。

だけど、「玉のない期間」は絶対に必要だ。その期間を〝どうやって〟つくるのかの判断は、人間の仕事だ。慣れと経験で、中源線を使うべきところがわかってくる。実際、中源線を使っている上手な人は、みんなそうやっているよ。

中源線の判断と自分自身の感覚が同時にあるのだから、ある意味、混乱しやすい状況だ。でもそんなことは、どんなやり方でも同じだ。とことんシステムで行う売買だって、最初の発想は人間のアナログ的な感覚だし、システムを作り上げる過程も人間の作業、そして最後にシステムを動かす決断も人間の手によるものだ。

必勝法がないのと同じことで、夢のような「完全なるシステム売買」なんてあり得ないと思うよ。ただひとつ、どこまで人間が手を出すのかという線引きの問題だな。

11. 相場は科学ではない

――中源線建玉法の特徴を考えるとき、いろいろな観点はあるけど、ひとつが「予測しない」ということだと思うんだ。

そうだな。過去の動きを基に割り出した「当たる」予測法に沿って玉を建てるわけだが、予測法そのもので利益を上げようとはしていない。不測の動きに対応することで、何とか利益を出していこうという現実的な考え方をしているよな。それを具現化したのが、分割売買による仕掛けと手仕舞いだ。

中源線を研究する過程で出くわした「インチキくさいもの」は、予測法だけでどうにかしようとして〝どうにもならない〟状態で終わってしまっているようなシロモノばかりだ。実践的な立場で考えれば、「手法」として成り立っていないことが、すぐにはっきりする。

「値動きにどう対処するのか」に注目する相場技術論では、過去の動きから今後の動きを考える。対処のための基準が必要だから、真剣に予測を立てる。その一方で、「予測は当たらない」と考える。予測に固執したら、外れたときに大損してしまうからだ。

相場は科学ではないんだ。少なくとも、科学で予測を当てることはできないってことだよ。

――予測の理論だけで進もうとする人もいるね。

評論家がそうだ。オレたち実践家は、人間の能力による「上手下手」を大切にしているが、評論家はそれを認めない。「分析と予測が正確か否か」だけなんだ。

テクニカル分析の三原則があるだろ。そのひとつは、「歴史は繰り返す」というヤツだ。だが、あくまでも〝ある程度〟の範囲に限定されたことで、値動きは1回ごとに異なる。それに、自分も含めて、参加している人間が値段を動かしていくのだから、科学で対応できるって発想が、そもそもおかしいんだ。理論もいいが、能力を伸ばすことにもっと目を向けないといけないな。

12. 単純化と練習

――能力という観点から、基礎の売買を練習しろという教えが重要ってことかな？

知識と想像だけで、いきなり大きな資金を動かす人がたくさんいる。経験がないことについて、想像だけで上手にこなすことなんて、できるはずがない。ムチャだよ。だから2年間は、ひたすら基礎的な売買を練習するべきなんだ。「2年はつらい」と感じる人が多いんだが、長く相場を行ううえでは〝たったの2年〟だよ。常識で考えれば納得できると思うんだけどねえ……。

車の運転を覚えるのに教習所に通うが、その目的は免許証をもらうことではなく「技能や心構えを学ぶ」ことだ。相場は、誰でもすぐに始めることができるが、その手軽さを勘違いしてはいけないってことだ。

――プロップハウスで売買する高橋良彰さん[※]は「独りで売買する個人投資家はすごい」「継続するには精神力が必要」ということで、チームプレーの効果が不可欠だと言っていたね。

プロップハウスについては、よくわからない。オレは独りでやってきたから、チームプレーが苦手、というか、チームプレーの感覚がないんだ。

でも、投資家である以上、独りで立ち向かわなければいけない。そういう気概をもった人間が集まらないと、チームプレーも成り立たないんじゃないか？

相場では、精神的な面が非常に大きい。独りだとやっていられなくなる。でも、それを乗り越えなきゃダメなんだ！　単純な売買を反復練習する、最低でも2年間は続ける、そして一種の悟りを得るしかないんじゃないかな。

※インタビュー集の第1作『億を稼ぐトレーダーたち』に掲載したひとり。プロップハウス（自己資金で売買する組織）の社長兼プレーヤーとして活躍し、チームの累計利益が100億円を超えた。

――昔のような根性論が後退して、例えば自分自身の努力に加えて周囲の人の力を上手に活用するというのが現代風だよね。自分の軸が揺らいだときの助けってこと。

揺るがないレベルにまで高めておけばいいし、すべて自分の中で完結させればいいことだとオレは考えるね。古くさいと言われるかもしれないが、相場というのはそういうものだ。助け合いは役に立つが、最初から他人に依存する人は伸びないよ。

――なるほど。でも学ぶときの効率は高いほうがいいんじゃない？『株式成功の基礎』（林輝太郎著、同友館）のオビには、「血のにじむような努力ではなく、基礎売買を身につければ誰にでもできる」と書いてある。

そう、苦行である必要など全くない。何十年も相場をやってきて確信しているのは、正しい筋道の単純な努力が大切だということだ。

ただ、その覚悟がなさすぎる人が多いと感じるんだ。長年、多くの人に接してきたが、オレが真剣に教えたことをきちんと受け止めてくれた人は、ごく少数だった。

――例えば「手を広げるな」と教えても、「なるほど」と言うだけで実行しないとか？

そう。つい興味本位で、いろいろなことに同時に手を出してしまう人が多い。ダメになる典型だ。

——どういう範囲なら許されると考えてるの？

例えば、株と商品を同時にやるのはいいが、「両方ともうねり取り」というように絞り込んでおくことが条件だな。「商品はサヤ取りだけど株はうねり取り」というのはダメだと思う。いろいろなことを自分でも経験したが、あらためてそう思うね。

でも単純化というのは、意外と実行しにくいものなんだ。オレ自身も、納得して実行できるようになるまでには時間がかかった。

とにかく、基礎の練習が不可欠だ。価格の波に乗る、降りる——これを常に自分だけの判断で行うのが相場だ。正しい筋道の単純な練習で相場の経験を積み、正しい自己流を確立するんだよ。

相場に正解などないんだから、自分以外のなにかに売買の動機を求めてはいけない。

林輝太郎の技術については、私は親子という関係があるだけに、信じる気持ちと同時に大きな疑いをもって間近で見てきた。初めて商品相場のサヤ取りで手ほどきを受けてから、もう30年以上が経過している。

そんな私が10年ほど前から考えてきたのが、「伝統と革新」である。伝統の中にはホンモノの要素があるのだが、そのままでは古くさくなってしまい、誰にも伝わらない。

伝統が伝統であるための根幹の部分を壊さず、伝わりやすい現代風に表現する作業が求められる。そのときの「伝統を守る」姿勢こそが、革新なのだと思う。

最近になって相場を勉強し始めた人の中には、システム売買をやらないと負けてしまう、短期で売買するほどリスクが低い、などと考える人が多い。

それはそれで「よりどころ」として成り立つのかもしれないが、偏った〝正解さがし〟のような違和感を覚える。最終的な選択は個人の問題だが、職人と呼ばれる人たちが受け継いできた〝相場技術論〟の考え方を現代風に紹介するのが、大切な仕事のひとつだと私は考えたのである。

具体的な伝え方を勉強する中で私は、いくつかの自己啓発法を学んだ。日本にはヘンな価値観を押しつける怪しい教えもあるが、正しい自己啓発とは、自分で自分をコントロールして、できるだけ楽しくラクに自分が望む方向に進むための方法論だ。

例えばアメリカの学者による研究に興味深いものが多いのだが、詳しく書かれた単行本を読むと、理論と実験結果などに偏っている。一方で、それを実践的な自己啓発の方法に落とし込んだ説明をしている人もいる。本題はここからだ。それらの説明は、林輝太郎が提唱してきた相場技術論と同じだということに気づいた。

輝太郎哲学のちょっと古めかしくて根性論に聞こえる部分も、認知心理学などの理論を加えて現代風の説明に変えると、非常に合理的でムダのない実践論であることが明確になるのだ。

ちなみに、「ストップロス」という言葉がわりと新しいものと認識されているようだが、私はそれを父の輝太郎から1970年代に教わったことを記憶している。今と同じ「ストップロス」というカタカナ語で。

もちろん当時、証券会社や商品会社に逆指し値を受け付けるシステムはなかったから、「自分で値動きを見て、自分で玉を切ればいい」と言われた。最新のものとして紹介されているものだって、多くは古くから存在していたという一例だ。

インタビューのまとめとして私自身の考えを並べたが、新しいものだけの秘密はないし、古いものだけの秘密もない、ただそれだけだと思う。古い人の言葉には今の世代が慣れ親しんでいないアプローチがあり、それが逆の意味で新鮮さとなり、実践者が自身の盲点に気づくきっかけとなることも多いのではないだろうか。

私自身にも経験がある。輝太郎が現代語訳を行った「松辰遺稿」（『相場の道 松辰遺稿・現代語訳注』、林輝太郎著、同友館）の校正に時間を割いた時、林投資研究所の「研究部会報」への連載中に何度も読んでいたにもかかわらず、あらためて多くの発見があった。

たとえ相場に対する考え方が異なっていたとしても、ほかの人の考え方にいったん耳を傾けてみると実に面白い。30年以上いろいろなことを聞いてきた林輝太郎にインタビューした中にも、多くの発見があった。

〈追記〉

このインタビューは、2011年8月に自宅で行った。肺気腫があったため、長く話すのはつらいだろうということで、1回を約1時間に限定し、何回にも分けた。それでも相場の話にはとても積極的で、あいまいな記憶をたどりながら遠い昔の思い出をたくさん話してくれたのだ。

その後も追加で何度か話を聞きながら録音し、少しずつ文章にした。そして最終回を2012年1月に書き上げ、父の林輝太郎に内容を確認してもらったのである。自身は何カ月も前から執筆しなくなっていたので、この確認が文章にかかわる最後の仕事になってしまった。

林輝太郎は2011年の夏に体調を崩したあと、あまり良い状態ではなかったのだが、会員の相談を受けるという仕事を中心に活動を続けようと、前向きな気持ちでリハビリに取り組んでいたところだった。

最後は休みがちだったが、亡くなる直前の2月24日金曜日は出社し、たまたま来訪した旧知の人としばらく談笑していたほど調子が良く、数カ月前からお断りしていた電話での相談も再開できるのではないかと感じていたほどだ。

しかし週が明けた火曜日、調子が悪いというので兄が病院に連れて行ったところ肺炎だと診断され、短期間の予定で入院することになった。ところがその晩、急に容体が悪化し、そのまま他界してしまった。

約35年前、私が中学生の時に父の輝太郎から相場を教わり、いろいろな立場にいながらも相場の世界に身を置いてきた。2000年からは池袋のオフィスで、一緒に仕事を続けてきた。しかしふだんの父は、「わかってるだろう?」と言わんばかりに多くを語らず、やっと今回のインタビューで、断片的だった昔話が線でつながったのだが、聞きたいことはまだまだあったし、相場について議論したい事柄も際限なくあった。

年齢を考えれば大往生なのだろうが、とても残念だ。

林 知之

2012年3月7日

若林栄四

半世紀に及ぶ経験をベースに相場の真理に迫るベテラントレーダー

「相場は自ら動いているのです」

若林栄四氏は、広く名前を知られているし著書も多い。有名人のコメントを集めるつもりはないのだが、主に為替の世界でプレーヤーとしての長年の経験があるうえに、人に説明する〝言葉〟を持っている。とても魅力的だと感じて連絡を取ったのが、２０１３年の初めだったと思う。

だが実は、表に出たがろうとしない人だ。インタビューをお願いしても最初は、「いや、私はスゴ腕でもないし……」と首を縦に振ってくれなかった。そこで「相場談議を通じてプレーヤーとしてのこだわりを聞かせてもらい、それを個人投資家に紹介したい」とインタビューの趣旨を伝え、なんとか了承してもらった。テレビやラジオでもMCを相手にメディアの姿勢を批判してしまう彼の姿勢は、愉快でたまらない。為替ディーラーで活躍していたころには〝マッド・ドッグ（狂犬）・ワカ〟と呼ばれていたそうで、人生経験を積んだ今もヤンチャで楽しい〝相場人〟である。

1. 相場とは何か

――まずは、過去の経験についてお聞きします。東京銀行でディーラーになった時、売買のテクニックは教わったのでしょうか?

そういうのは一切ありませんでした。〝頭が勝っている〟人が多い会社でしたから、「相場」ではなく、経済を分析して方向性を決め、その方向にポジションを取る、ということだけでしたね。

でも当時は今と環境が異なっていたので、仕方がない部分もありました。1970年代は昔の外国為替管理法の下、国境を越えた資本の移動が自由に行えない時代でしたから、経常収支が為替の需給と方向を決めていたといえます。ドルと円ならば、アメリカと日本の景気の格差を読むことが、為替相場を読むことと同義だったわけですよ。

だけど80年代になって資本の移動が自由化されると、事情が変わりました。そして現在にかけて、欲望とか恐怖を反映して動く通常のマーケット、いわゆる〝相場〟の世界になっていったわけです。

――そういう変化の中、銀行の考え方は変わりましたか?

全く変わりませんでしたよ。だから私は、「彼らの考え方はおかしい」と素直に思いました。

銀行が為替でポジションを取るのは儲けるため、それならば勝たなければ意味がない、円高の傾向が強くたって永遠に円高が続くわけではない、大きな円高トレンドでも円安に動く場面がある、これらを読んでポジションを取らなければ意味がない、という当たり前の主張です。

変化が始まった80年代はちょうど、シカゴの先物市場が大きくなった時で、そのシカゴで為替をトレードする人がたくさん登場したんです。そういう人たちを見ていたら、必死になってチャートをつけていました。私は彼らの行動を観察しながら、独自に相場を学んだわけです。

――でも銀行の中でそんな主張をするには、かなりのエネルギーが必要だったのでは？

その通りです。為替市場が〝相場〟になったことを多くの人は、特に東京銀行の人たちは感じていませんでした。「為替＝経済の変数」という前提で固まったままだったのです。

だからチャートを見て先行きを考えようとすると、「そんなヤクザみたいなことはするな」「オレたちのような高級な銀行マンがやることではない」なんて、面と向かって言われましたね（笑）。まったくもって、偏見の嵐ですよ。

でも儲けるためにやるのなら、儲ける方法を考えなければいけません。私はそこに気づいたので、自分の考えを基に勉強を続けました。

——基本的な質問なのですが、銀行って積極的に自己玉を建てるのですか？

70年代は自己玉が少なかった、そして今は元気がないから同じように少ない。でも80年代は収益が上がっていたから銀行も積極的に張っていましたし、顧客の注文も大きかったから、そのリスクを管理することも含めて積極的に動いていましたよ。

それなのに銀行全般でいえば、積極的に行動しながらも、マーケットに対して合理的な考え方をする人がいなかったと思います。

——そこで若林さんは、銀行を出て自分の哲学で相場の研究を進めていこうとしたんですね。

いや、そう表現するとカッコイイのですが、実際は違いますよ。私は自分のことを客観的に見る人間だと思っているのですが、このまま銀行にいても将来はない、銀行業務は面白くない、相場の世界のほうが面白い、と考えただけです。

それに組織ですから、ずっと相場の現場にいることなんて許されません。管理職になったら、相場の世界から遠ざかることになります。それを想像して「イヤだなあ」と思ったことも、辞めてしまった一因でしょうね。

——銀行を辞めたあと、すぐに独立したのですか？

まずは、当時の勧角証券のニューヨーク現地法人に雇ってもらいました。副社長の肩書きでしたが、管理職なんてできません。最初から「相場だけをやる」という約束で働き始めたんです。
そこでは、わりと自由にやらせてもらいましたよ。成績はたいしたものではありませんでしたが。

――その後、独立したということですね。

はい、現在の立場に落ち着きました。
そういえば勧角を辞めた時に、面白いことがありました。当時は「ディーラーは大きな損を出してクビになる」という認識が一般的でしたから、私が辞めた時に「若林が数百億円の損を出した」という噂が流れ、勧角証券の株価が暴落したんです。これが、まさに〝相場〟ですよね。

――勧角の時代は、思う通りに相場の研究ができたんですか？

ええ、とても良い環境でした。給料をもらいながら、好きなことができましたから。
その当時、私のアシスタントをしていた女性が、ペンタゴンチャートのツールを見つけてきたんですよ。透明のフィルムにたくさんの五角形（ペンタゴン）が描かれているスケールです。
ところが、「どうやらこれを使って先行きを考えているらしい」というだけで、具体的な使い方がわからなかったのです。だから自分で研究したわけですが、これがペンタゴンチャートとの出会いで、現在もこれを使って相場を見ています。「相場は日柄だ」という考え方です。

ペンタゴンチャートについては私も詳しくないのだが、最も美しい比率といわれる黄金比（1対1・618）が見られる正五角形でチャートを分析する方法である。日柄を重視する、チャートのタテ軸とヨコ軸を見る、という点が林投資研究所で提唱している考え方と通じるのだが、私たちは予測の精度向上を捨ててポジション操作を考えていこうとするから、実践を伴わずに予測だけを考えて黄金比を使うような人たちを、単なるオカルト志向と片づけてしまっている。

2. 相場は日柄である

――私も日柄を重視しますが、思った通りに動かない値動きに対して、「天井の翌日が底になることはない」「一定の時間が必要だと認識するだけ」と考え、それ以上の追求をあきらめています。

私は、あきらめてないんだ（笑）。頑固とかバカと評されてしまうのかもしれませんが、相場の動きは決まっている、黄金分割で分析していくことが正しい、と思っています。

――実際、若林さんは為替相場の動向などについて大局の予測を出し、それが見事に当たっていると感じます。

当たっているということは、それが方法として正しいということです。ただ、読み方が問題なんですよ。その読み方の精度を上げていくことで、100%に近づいていくと私は思っています。もちろん100%わかるなんて神の領域ですから、絶対にムリです。でも100%に近づいていく、あえて数字で示すなら90%をつかむくらいは可能ではないか、という試みなんです。

――一般投資家でペンタゴンチャートを使っている人も、たくさんいるようですが。

いますけど、わりと浅い使い方しかしていないように感じます。使い方が大切なんです。

――私たちは、「読み」ではなく「対応」に目を向けています。

相場を張る以上、それは当然です。トレンドに乗る、利食いする、といった行動ですよね。若いころは行動力があったから、損切りも含めて自由自在にポジションを動かし、それでずいぶんと儲けましたよ。乗ればガーンと儲かりますしね。でも今の私にとってそれは、相場がわかって儲かっていたのではない、ということなのです。

今のような姿勢で研究していると、わかっていると逆に儲からない、ということに気づいたりします。一直線に動くときなんて、何もわからずに行動したほうが儲かります。短期的なことではありますが。

――相場との距離みたいなものは、私も常に考えます。

度胸とか勘とかもありますが、運動神経で行動できた若いころは、それだけで儲けていました。でも今は、まったくちがう世界にいます。「本質は何なんだ」と、哲学的な思考をしている感じですかね。そうなると、儲けるのが難しくなってしまう。だから、動きを見極めるしかないという域にきてしまったんです。

また、その研究そのものが仕事と直結しています。自分で儲けることができても、習得したものを人に説明することはできません。今は、読みに焦点を当ててアドバイスするのが仕事です。

「予想はするな」という言葉がある。希望的観測で相場を張るな、という意味だ。しかし行動の指針、あるいは値動きへの対応を考える基準として、予測は絶対に必要だ。だから真剣に考えて自分だけの予測を立てるが、その的中率は5割に満たないという前提が、林投資研究所が提唱する相場技術論の根幹でもある。

しかし若林氏は、紛れもない実践派だ。もしも一緒に運用の仕事をして意見をすり合わせようとしたら、ケンカにもならないくらい具体的なアプローチが異なるかもしれないが、学ぶことの多い業界の大先輩である。

2011年7月に発行された著書『デフレの終わり』（日本実業出版社、副題：2012年に「千載一遇」の買い場がくる）はタイトル通り、大局の読みを著した本であるが、「第7章　相場で勝つということ」には、ポジションを取って苦しんだ経験を持つ人の深い言葉がつづられている。本に登場する「理屈づけには意味がない」といったメッセージは、実に面白いと思う。

3．日柄は土日も含める

――著書『デフレの終わり』の第7章に、相場の心構えが「その1」から「その10」まで書かれています。そこに、「確信犯になってはいけない」とありますが、ペンタゴンチャートによる分析で90%を把握しようとすることとは、矛盾しないのでしょうか？

なるほど。林さんが言っている通り、相場に入るときの読みとして確固たるものが必要だというだけで、予測の精度を追求していようがいまいが、当たるときは当たる、外れるときは外れます。

そこで言いたいのは、「ポジションを取った理由に固執してはいけない」ということなんです。やっぱり、「ヤラレるときはキッチリとヤラレましょう」という部分を、ちゃんと理解してほしいのです。

――損切りができない、考え方が固まらないという人が多いと思います。でも損益にかかわらず単なる手仕舞いで、例えば「わからないから手を引く」という場面もありますよね？

そうですね。多くの人は、大儲けするか大損しないとポジションを手放しません。でも欲が前面に出ていなければ、手仕舞いは実行できます。私も年をとって、より自由自在にできるようになりましたが、「この相場はよくわからない」とか「なんかちがうんだよね」という状況で、損も得もないままやめてしまうことは常にあります。

ナンピンだって、回数を限定し、グッと引きつけて実行しなければいけないのに、負けてるから平均値をなんとかしようなんてさもしい考え方をすると、ガツンとヤラれちゃいます。

勝っても当たり前だし、負けても当たり前です、相場ですから。だから、勝っても驚かないし、負けても驚かないというような姿勢は大切だと思いますね。

――「チャートに土日を入れないとダメだ」とおっしゃっています。あれが気になっているのですが…。

チャートの種類にもよるのですが、トレンドを考えるときに土日も含めないと、黄金分割による分析において角度に狂いが生じてしまうのです。

――それは、場の立たない土日も人間は活動しているからですか？

いや、私はマーケットを動かす人間を見ていません。相場が勝手に動いている、と考えるのです。そこには真理がある、それを読み取ることはできる、だが読むのは難しい、ということです。人間が休んでも宇宙は動いている、星は休まないという意味です。

だから、例えばアストロロジー（占星術）で相場を読もうとしている人たちも正しいんだと思いますよ。

――若林さんが非常に親しくしている鏑木さん（投資日報社の鏑木高明社長）も、ベースはアストロロジーですよね。

「相場と星の動きがつながっている」という意味では、賛成します。でも、彼の方法論が正しいかどうかは知りません（笑）。とにかく、土日もエネルギーを消化しているんだという考え方で、土日も含めて日柄を計算していきます。

まあ、説明はいろいろありますが、相場で「時間」に言及しない人を私は信用しません。銘柄を取り上げて「○○円まで上がる」なんて予測を出したって、それがいつなのかが問題なんですから。みんな、タテ軸のプライスだけでものを言うからチグハグになるんです。

時間がはっきりしているのが、オプションですよね。わかりやすく「当てる」ってことに絞って考えたら、価格と時間の2つを当てなくちゃいけないんですから。

――オプションを勉強すると相場の大切なものが見えると思います。でも日本では、ちっとも広まりません。

アメリカでは人気がありますよ。CNBC（アメリカのニュース専門放送局、Consumer News and Business Channel、編者注）でも、オプション取引を話題にすることが多いですしね。一般投資家にとって、ごくふつうの取引ですよ、オプションは。だからオプションを使って現物のポジションをヘッジするとか、そういう発想が一般の個人投資家にあります。

残念ながら日本のマーケット参加者は、そういう部分で洗練されていないと感じます。「オプションが必要だ」ということじゃなく、「見ている範囲が狭い」ということですが。

――日柄観測の話に戻って、保合の期間って本当に読めないと思うのですが。

その通りです。非常に難しい問題です。

――だから私は、相場を読み切るなんてあきらめているのです。

なるほど。でも私は、あきらめていない。やり出したからには、とことんやります。今は8割くらいのところにいると感じていますが、ゴールは9割です。9割に近づくと、相場というゲームがすごく楽しくなると思うんですよ。

でも8割なんて、別に大したレベルではないと認識しています。まるっきりわかっていない人と比べればわかっている、という程度でしょうか。それに、儲けることだけを考えるのなら、やり方だけで十分です。やり方を持っていれば、利益は出ます。私が追求しているのは、別のことです。

――「儲けるだけ」というところで、例えばプログラム売買をどう思いますか？

「つまらんことをやっているなあ」と思いますね。単なる金儲けのために高速のコンピュータを使ってバンバン売り買いしたって、そりゃあ儲かるかもしれませんけど、世の中のためにも人のためにもならない行為です。私はそういうのは嫌いです。

少なくとも、相場ではない。相場というのは、頭の勝負です。腕じゃあない。そして投機という行為は、最高の芸術だと思うのです。

それに、コンピュータがあろうがなかろうが、誰が参加しようが、日々の終値は収まるところに収まる、意味のある位置で終わると考えています。一般的に終値を重視する分析手法が多いわけですが、私は黄金分割で観察した経験から、それを意味あるものだと感じています。宇宙の動き、真理といったものがあると思っているのです。

多くの人は、そこまでは追求しません。だけど私はあきらめない、あきらめたくないんです。１００％は絶対にムリだけど、今以上に近づいていくことはできると思うのです。うまく説明できませんが、とても意義のあることをやっているという充実感はありますね。

若林氏の話を聞いていると、とても楽しそうだ。でも相場を張るために何を重視するかは人によって異なり、私は相場技術論をベースに〝ポジション操作でなんとか結果を出す〟という方法を選び、それを変えようとは思っていない。

だから、相場という現実に軸足を置きながらも「ロマンを追いかけている」と表現できる若林氏の姿勢を、少しうらやましいと思った。

夕凪（ゆうなぎ）

イベント投資で年間40％の利益を稼ぎ出す個人トレーダー

「利益は分析と研究、そして経験の結果です」

「夕凪」というペンネームで個人投資家向けの本を書き、インターネットでも自分のトレードについて惜しみなく情報を公開している彼は、脱サラした専業個人トレーダーだ。

彼は、自律的な価格変動の中を泳いでいくのではなく、突発的あるいは一時的なブレを狙って短期のポジションを持つ手法で利益を上げている。

夕凪氏が「イベント投資」と呼ぶトレード手法について詳しく聞くため、２０１２年2月13日に新宿のレストランでインタビューを行った。

1. 需給バランスの崩れが狙い目

――相場を始めたきっかけはなんですか?

サラリーマン時代に一時、仕事でアメリカに赴任していました。ちょうどITバブルのころで、周囲の人が株に夢中になっていたのです。しかし異国の地で株式投資というのは抵抗があり、なかなか踏み切れずにいました。

しばらくして、日本語で書かれた『1000ドルから本気でやるアメリカ株式投資』という本を見つけました。その本にはインターネットで取引する方法がひととおり紹介されていたので、それを頼りにトレードを始めました。

すると、バブル相場に乗って私の資金は倍増したのです。しかし結局、下げ相場でその儲けをはき出し、トータルの成績までマイナスになってしまいました。

2001年に失意のまま帰国した私は、投資法の研究を始めました。そんな中で出会ったのが、『東証一部昇格銘柄を事前にキャッチして資金を5倍にしたJ-Coffee投資法』という本だったのです。

そこには、機械的な需給による株価変動を狙う「コバンザメ投資」が紹介されていたのですが、そのアイデアを基に研究を重ねることで出来上がったのが、現在私が行っているオリジナルのトレード手法の原型です。

――会社を辞めて独立した最大の理由はなんですか?

サラリーマンの時、自分がやりたいことを実行できない状況がイヤでした。相場のほうが儲かるなんて計算はありませんでしたし、相場がなくても会社を辞めたいという気持ちはありました。でも、後先を考えずに退職したわけではありません。トレード資金が増えたのでなんとかなるという判断と、とにかく自分の好きなことをしていけるという自分の思いを再確認して、会社を離れることを決断したのです。

それに、イベント投資ではザラ場の動きをずっと見ている必要はありませんから、日中の空いた時間に、やはり好きなことをできるとも考えました。

――資金量と成績は?

現在の資金は、4000万円です。成績には、かなりの波があります。例えば去年は、3月末に向けてポジションを増やした状況で震災があり、思わぬ損をしましたしね。でも状況が悪くなければ、年間40%の利益を期待できます。

――現在、多くのデータを表計算ソフト「Excel」（エクセル）で処理しているとのことですが、もともと統計処理などに詳しかったのですか？

元の職業はプログラマーですが、統計の知識は何ももっていませんでした。この年齢で統計の取り方やエクセルの使い方を勉強するなんて、思いもよりませんでしたね。小学校で勉強する算術平均を知っている程度でしたから。

それに、もともとシステムトレード的なものは考えていませんでした。なんとなく株に手を出して失敗し、その反省を元に研究した結果、私が「イベント投資」と呼ぶトレードにたどり着いただけです。

選んだものがたまたま、扱うデータが多いうえに移りゆくマーケットの状況を分析して判断基準を求める方法だったので、データ分析を自分で行う必要がありました。その必要に迫られて、エクセルを使ったデータ処理を勉強したのです。

アメリカでトレードして失敗したころなんて、アナリストのコメントを素直に受け入れてポジションをつくっていただけでした。でも、その経験が原点なんです。

専門家と称する人たちが自信満々に語っている予想を信じても、全くその通りにならない。そこから本を読んで勉強し始め、自分で状況を分析するようになったのです。

——なるほど、高度なデータ解析の技術で利益を出すということではないのですね。まず、イベント投資というものの概略を説明してください。

「イベント」とは、日本語でよく使われる「催し物」「行事」といった意味ではなく、「重要な出来事」「事象」のほうです。株価に影響を与える〝何か〟を見つけて、その〝何か〟による株価変動で利益を得るトレードです。

——詳しいことはあとにして、まずはイベント投資という呼び名についてお聞きします。もとから存在するものですか？

変動要因と実際の変動を結びつけるという意味では、昔から多くの人が研究してきた分野といえるでしょう。でも今は、高等な数学を用いるクオンツ分析という言葉もありますし、増資といった財務上の意思決定、つまりコーポレートアクションを元に考えるアプローチもあります。イベントドリブンという用語もありますね。

私は、こういった知識がないまま本を読んで興味を持った方向で研究を進め、たまたま今の手法に至ったのですが、ジャンルとして意識し始めた時は「特殊需給」という言葉が当てはまっていたと思います。でも特殊需給じゃわかりにくいので、自分で「イベント投資」と名付けたわけです。内容的には、いま挙げたいろいろなものを複合した方法ではないかと思います。

――突発的な出来事をきっかけとするのですか？

突発的なこともイベントですが、もっと当たり前の事象も守備範囲としますので、私にとってのイベントとは何かというと、かなり幅広くなります。

日常的な事例を挙げて説明しましょう。例えば、株主優待の割当日に向かって個人投資家の買いが増えます。彼らと一緒に買ったら儲かりませんが、そういう種類の買いがマーケットに集まる前に買っておけば値上がりを期待できます。とてもシンプルなものですが、私が行うイベント投資の一例です。

――株主優待というのは日本だけの特殊な制度で、その費用を配当に回すべきだという議論があります。そういう点から考えると、変動によって利益を得るための要素として弱い気がしますが。

意外とそうでもないのです。企業が株主優待を行うことにも、合理的な理由は見つけられます。まずは、上場を維持する最低限の株主数を確保することです。まあ、これは「マイナスを生まない」というだけですが、積極的な理由だってあります。

株主優待の是非はともかくとして、日本では個人投資家に浸透していますから、優待の内容を雑誌が特集記事で取り上げてくれるのです。だから企業にとって、メディアを使った従来型の宣伝よりも効率がいい、という分析だって可能なんですよ。

――「値上がりを狙う」ということですが、株主優待や配当を取ることもするのですか？

やることはやりますが、それは家族サービスだと位置づけています。私が株をやる行為を正当化する意味もあります（笑）。株を保有していることで配当や株主優待をもらえたら楽しいのですが、それはオマケの楽しみです。それらを主目的に株を買ったって、儲かりません。取りにいかないほうがいいでしょう。

暴落時に安く買って長期で保有するのなら、配当と優待だけでも利益を取るための行動として成立します。でもメインのイベント投資における行動は、インカムゲインを狙うことではありません。私は幅広いイベントを対象としていますが、とにかく「株価に影響を与える出来事によって需給のバランスが崩れた」場面が、私の出番なんです。

2. 悪材料の急落は買い

――すると、一時的な悪材料で売られた場面とか？　東証一部の老舗企業でも、決算の数字に疑問が生じたなんて理由で管理ポストに割り当てられ、株価がガクンと下がることがありますよね。

はい。そういう場面は、まさに私の出番です。でも新興市場だと、うまくいかないケースが多いでしょうね。そのままつぶれてしまったり、それ以外の特殊な需給に影響されたりして、ひどい目に遭います。

それに対して東証一部の銘柄は、安心できます。もちろん、企業の存続そのものが危ぶまれるようなケースは別ですが。

でも、単に機関投資家が保有し続けられなくなった、立場的にクライアントに説明できないというだけの理由で手放す、そういった状況ならば高い確率で元のさやに戻ります。だから黙って買い、という感じですね。

機関投資家は無条件で即座に売るのがルール、銘柄を決めてトレードしている相場師タイプの人にとっては手出し無用の〝火事場泥棒〟的な行為——でも私にとってはど真ん中のストライクで、「買っていい状況かどうか」と積極的に検討するべき場面なんですね。

——例えばオリンパスは巨額の損失隠しで問題になりましたし、上場を維持できるかどうかが議論されたケースですが、需給に大きなゆがみが生まれました。

私は買いだと判断して、出動しました。あのようにストップ安売り気配が続いた場合、比例配分ではなく売りと買いの数量が一致して寄りつく〝全株一致〟のタイミングを狙って買います。その直後に株価が反発する場面だけを狙うからです。

ただオリンパスのケースでは、ガクン、ガクンという2段の下げをみせました。生保などが貸している株を「返してくれ」と要求する〝リコール〟というものがあって、そのリコールで返ってきた株をあらためてマーケットに売りに出したらしいのです。そんな動きに対して私は、買い下がりました。

反発する時、今度はストップ高の連続になりましたが、3日目に700円台で全株一致したところで売りました。

――結果論では、その後も大きく上がりましたね。

そうでしたね。でも、比例配分にならずに寄りついたあたりが、私にとっての適正な出口でした。そこから先は、とても読めません。さまざまなニュースに流されて株価が激しく動きますから、私がポジションを取るべきイベントではないのです。後は野となれ山となれ、というところですね。

――ストップ安が続くケースで全株一致になるかどうかは、ザラ場で状況の変化を見るわけですよね？

はい、そうです。買い注文を出しておき、比例配分になりそうならば取り消します。

――取り消した直後にバタバタと買い注文が集まって全株一致、ということもあり得ます。

そういうこともあります。でも、それは仕方がない。そうやって逃すことがあっても、対象とするイベントはほかにもたくさんあります。黙って次のチャンスを待つだけです。

――悪材料でストップ安の例を紹介してもらいましたが、その逆は？

好材料で暴騰した銘柄をカラ売りですか？　それはムリですよね。死んじゃいますよ※（笑）。

※死ぬ
大幅な損で、売買資金が枯渇すること。

――買いも信用取引を利用するそうですが。

そのほうが、コストが安いんです。証券会社にもよりますが、信用買いだと手数料が非常に安くなるという設定があります。

安い手数料につられた人が、結果的には想定以上にダラダラとポジションを持ち続け、まんまとたくさんの金利を払って証券会社の収益に協力することが多いのですが、計画通りにトレードしていれば証券会社が独自に決めたルールの有利な部分を享受できます。

私は自分自身の方法に合わせて証券会社を選んでいますが、いくつもの口座を使うのはわずらわしいので、状況ごとに異なる会社に発注するといった複雑なことはしていません。

ここまで話を聞いた私は、自分が最初に取り組んだサヤ取りを夕凪氏のイベント投資と重ねた。サヤ取りは2つの銘柄の差（サヤ）だけを追う売買で、「連動しているが一時的にズレが生じる」異銘柄、あるいは同銘柄異限月の組み合わせで行う。

組み合わせによってはサヤが開いたり閉じたりを適当に繰り返してくれるわけだが、のべつ仕掛けようとせず「異常な値があったとき、それが正常に戻る必然性で利益を上げる」という考え方が重要だ。

需給の歪みによって生じた〝狂い〟に着目する夕凪氏の手法は、サヤ取りのように銘柄を固定しないものの、通じるものがあると感じたのである。

彼のイベント投資を上っ面だけマネしたら、ドタバタの材料張りになってしまうだろう。だが、きちんと統計を取ってリターンを計算し、失敗のリスクも考えながら研究、実践しているのだから、私が軸としている相場技術論とは全く別の世界だが勉強になるし、尊重するべき発想と姿勢である。

このあと、ほかの事例などを紹介してもらいながら、イベント投資を成立させる注意点などを詳しく聞いた。

3. 相手が誰なのか

――状況によっては、うまく機能しないこともありますよね？

相手が誰なのかが重要です。機関投資家が「顧客に説明できない」という理由で売ってくる状況は、意外と単純です。値段に関係なく売ってくる連中が相手ですから。

でも株主優待の割当直前の上げを取る場合、相手は個人投資家です。つまり個人投資家が豊かなときでないと上がらないので、信用取引の損益率などを参考に状況を分析しますね。

個人投資家が積極的にリスクを取って買ってくる状況ならば、個人投資家が参加するイベントが狙い目ですが、個人投資家が弱っているときには、プロが相手となるイベントを中心に狙いをつけます。こういった切り替えが、成果を左右します。

――配当の割当だけでもイベントとなりますか？

なります。でも配当ならば、リート（REIT：不動産投資信託。Real Estate Investment Trust）が面白いですよ。

リートの配当は、半年に一度です。利回りが高いと、配当割当日に向けてミニバブル的に上げることがあります。たしかリーマンショック後でしたが、利回り20％なんて状況の時には激しい動きをみせましたからね。

――イベントと値動きについて、どこまで掘り下げますか？

例えばリートで、なぜそこまでリートの配当取りに資金が集まるのかをとことん考えるわけではありません。でも特殊需給を生むイベントと実際の値動きを観察することに加え、相手が誰なのかという部分はしっかりと見ています。その相手がいま豊かなのか、張れる状況にあるのか、ということです。

――当てになるかどうかはわかりませんが、アメリカのファンドの決算が株価に影響を与えるといった“経験則”らしきものがありますよね。

インターナショナルな部分は手がけていませんが、興味はあります。研究課題のひとつですね。

――よくいわれる「期末のドレッシング買い」は、どうですか？

以前、統計を取ってみたことがあります。9月とか12月には、「ありそう」です。でも3月末は、意外と上がらないように思います。動きたくても動けない理由があるのかもしれませんが、私はそこまでは考えません。「手がける対象となるかどうか」にしか興味がありませんね。
まあ、昔からいわれている〝経験則〟には、いいかげんなものがたくさんありますよ。

——日本の株は、年の前半に高くて後半に安い傾向があります。こういう流れは、イベントとしてとらえますか？

そういうトレンドそのものを、イベントとして考えることはありません。3カ月や6カ月のトレンドは、私にはゆっくりすぎるのです。ただ、春にかけてはポジションサイズを大きめにするとか、状況に応じたポジション管理の要素にはなります。

——ほかには、どんなイベントがありますか？

東証二部から東証一部への昇格、「一部指定」も好機です。
東証一部への昇格が公表されれば、すぐに買いを集めて株価が上がります。でもその波は、いったんおさまるのです。ところが実際の一部指定に向けて、あらためて買われるんですよ。わかっている材料なのにもかかわらず、こういう非効率的な現象が起こるのです。

4. イベントは必ず起こる

——ガツガツと買っている状況でマーケット全体が下がることだって、あり得ると思います。

そこは悩みどころです。例えば先物売りでヘッジをかけても、私が手がける銘柄はベータ値が高くない、つまり値動きが日経平均とリンクしないものが多いので、先物を売り建ててもヘッジにならず、売りと買い、2種類の思惑を抱えている状況になってしまったりするのです。

個別銘柄のオプションもちゃんと出来ていない（売買がない）から、都合のいいヘッジ方法はないんです。やはり、しっかり分析して状況を見極めることのほかには、全体のポジションサイズを調整するのが基本です。個人投資家のトレードですから、小回りを利かせて対応するのは当然です。

——株主優待のようなイベントは、時期が偏りますよね。

そうです。3月と9月に集中しますよね。だから、資金を最大に動かすときのサイズが問題なんです。イベントがないときは、研究の時期です。そういうときについ余分なものに手を出してしまう人がいますが、ダメですよね。資金をわずかだけ使った実験トレードをするだけで、イベントがないときは休みながら研究する時期と決めています。

マーケットが相手ですから、チャンスがないときは待つしかない。仕方がないことですね。でも狙いが明確になっていれば、ちゃんと待つことができます。私の場合なら、「イベントは必ず起こる」ということです。

――新しい金融商品が、次々と生まれています。それらも、研究の対象ですか？

はい、もちろん。自分のトレード対象にならないかと、値動きのデータを入手して検証したり、仕組みを調べたりします。

――すると、商品知識は豊富でしょう。

株式にからむものならば、まずまずだと思います。でもオプションなどは詳しくありませんし、あくまでも自分が行うイベント投資の範ちゅうで詳しいだけです。

――マーケット全体の季節的な変動はあまり考えないとのことですが、もっと長期のトレンドは？80年代上げ、90年代下げ、といった大きな流れです。

考慮はします。でもトレンドそのものを観察するのではなく、ＦＲＢ（連邦準備制度理事会。Federal Reserve Board）が決めるＦＦレート（フェデラルファンド金利）を見ています。

このＦＦレートと日経平均株価とは、なぜか連動性が高いのです。

「金利が下がるとおカネが余って株価が上がる」といわれますが、逆に金利上昇で株価が上がるという相関関係が認められるんですよ。ＦＦレートが上がった＝景気がいい＝株価が上がる、という図式ですね。アメリカの株価も同じですが、ＦＦレートの上昇と株価の上昇は、日経平均株価で見る限り日本株のほうが一致するんです。

検証した結果、プラザ合意があった１９８５年以降はほぼ一致していますね。

――なるほど。そのデータを、どのようにトレードに反映させるのですか？

ＦＦレートが上がれば日本株が上昇期にあるという証明になるので、買いポジションの取り方をより積極的にします。

買いの安全性が高まりますし、個人投資家がより多くのリスクを取るようになるので、イベント投資のパフォーマンスも上がるという計算ですね。

だけどマーケットが本当に良くなってきたら、私のイベント投資は単純な買い戦略に負けてしまいます。そのときには純粋なイベント投資の要素を半分にして、自分がコントロールできる範囲で積極的な買い戦略も行うという発想があります。

――夕凪さんの手法は意外と単純な着眼点から出発しているので、次々と優位性が薄れていくのではないかと最初は感じたのですが、そうではなさそうですね。

マーケットにおける需給のゆがみというのは、必ず起こります。そして、一瞬では解消されません。人間が株価をつくっている以上、この構図は変わらないと考えます。

個別銘柄から離れてETFを買う人が増えているといわれますが、ETFはいろいろな理由で銘柄を入れ替えますから、個人投資家が個別銘柄から離れたってイベント投資で行動する場面は減らず、逆に増えると思うんです。

――最近はHFT（プログラムによる超高速売買）が増えてきましたが、ご自身の手法への影響は？

HFTが動く範囲では非効率性が起きにくいので、彼らが参加する場所は敬遠したいですね。でも、そもそも棲《す》み分けができていると思いますよ。私が需給のゆがみを狙って仕掛けるような銘柄は板が薄く、HFTが対象としないでしょう。

――着眼点はとても単純だと感じたのですが、トレードの実行に際しては状況の分析などが必要で、ポジションの取り方には技術が必要ですね。

そう思います。

イベントとポジションだけを説明すれば単純ですが、誰がそのゆがみをつくっているのか、その人たちの状況はどうなっているのかなどを考えながら具体的なトレードを決めますから、表面的にマネしてもパフォーマンスは出ないでしょう。逆に、手間をかけて分析している人に上前をはねられることになります。

それに、「買うかどうか」に加えて「ポジションサイズの決定」も重要です。予想通りに動かなかったときを考えた、いわゆるリスク管理術ですね。

追加で具体的なイベントを紹介すると、例えばテレビ番組で紹介された企業が個人投資家の人気を集めて上昇することがあります。私は予告などでチェックして買っておき、一般の人の買いが出たときに売るという戦略を取るわけですが、個人投資家の需給が悪ければ、こういったイベント投資も成功しません。

夕凪氏の手法は、誰でもマネできそうに感じるかもしれないが、彼のコメントにもあった通り、表面的にマネしても思わぬケガをするだけだろう。どんな手法でも同じだが、その理論を理解したうえで実際の資金を動かして〝体験〟し、自分自身で〝体感〟する必要がある。夕凪氏自身も、「やってみてわかったことは、たくさんある」と言っていた。

ちなみに、例えば「株主優待による変動」は最もわかりやすいもののひとつだが、林投資研究所が提唱するＦＡＩ投資法やうねり取りでは、完全に捨てるべき要素だ。

うねり取りに夕凪氏の観点が適正に加われればパフォーマンスが向上するはずだ、というのが理論として成立しそうだが、現実に生身の人間が、しかも単独でトレードすることを考えたら、机上の空論に近い。

〝適正〟に反映させるためには、夕凪氏と同じようにイベント投資専門で実践と研究に時間や労力を費やす必要がある。しかしそれをやったら、うねり取りならではの良さが薄まってしまう。

良さそうなものをあえて「捨てる」というのは、自分の強みに能力と労力を集中させ、見えない部分を欠点として容認するということである。他人の手法から何かを学ぶというのは、こんな考え方を土台とし、あくまでも自分自身の手法を軸にのぞき見ることだと思う。

金子稔

（ついてる仙人）

完全独学で手法を確立した
日経225先物トレーダー

「チャートは出来のわるいカーナビなんだ」

私と金子稔氏は、中学、高校の同級生で、オートバイでつるんで走った仲だ。卒業後も数年に一度くらい顔を合わせる機会があったのだが、ある時「相場の本を書いたんだ」と告げられた。

少なからず懸念を抱きながら読んでみると、実にまっとうな内容だった。うれしく感じたと同時に、苦労して書き上げたであろう文章の素直な語り口に驚いたのだ。相場の機微や心の持ちようについて丁寧に書かれてあり、相場の本でありながら〝生き方〟を説いている部分が心に残る。

それ以降、私の著書を送ったことがあるくらいで、相場の話をするチャンスもなかったが、ようやく、彼が業界の外にいながら独学で築き上げたトレード哲学について、話を聞くことになった。

インタビューは2017年8月29日と12月27日、彼がスローライフを求めて移り住んだ群馬県の高崎へ出向いて行った。

1. お決まりの道を歩んだ

――稔は、相場の業界にいたことがないよね？　バイク屋を経営していたけど、トレーダーになった経緯を聞かせてくれる？

バイクが好きだから、バイクに囲まれていたい――そんな気持ちで、実家近くのバイク屋に就職したのが最初だったんだ。自転車も扱う〝街のバイク屋〟で、従業員は3人、修理がメインのショップだよ。

そこで2年間働いたあと、兄貴が「バイク屋を始めるから手伝わないか」と声をかけてくれて、一緒に4年間働いて、そのあと兄貴とは円満に別れて独立したんだ。

――販売をやったの？

最初は、バイクのカスタムチューン専門店だった。ヘンな改造じゃなく、お客さんの希望に合わせて合法な改造をする店ね。

――おもしろいね。うまくいったの？

1年くらいやったけど、思ったほどの売上がなくて……途中から路線変更して中古を販売したら、これが正解！　徐々に新車も扱うようになって、経営が軌道に乗ったんだよ。

――そのころは、トレードに興味があったの？

全くなかったね。悪いイメージしかなかったよ。ギャンブル、やれば損をする、家を取られちゃう……そんな認識だったかな。

――それが今じゃ独立トレーダー。なにがきっかけだったの？

社会人になってから知り合った人から、「株でもやらないか？」って誘われたんだ。その人のことは信頼していたから、素直な気持ちで値動きを見てみたわけ。そうしたら、中古バイクの価格が季節的に変動する様子とカブッたんだよね。これ、カンタンそうだな、なんて（笑）。それが97年、ちょうどネット証券が出始めたころだったから、よく覚えてるよ。

――225先物をやったの？

いや、最初は個別株。でも、「上がるか下がるかだけ」「悪くてトントン」なんて甘い考えで、ネットの掲示板にある書き込みを見て誰かのオススメ銘柄を買うだけ。いま思えば、ものすごく相場が悪かったのに「売る」って発想はゼロで買いから入っていたのも、負けの要因だったかもね。

その人の手ほどきは特になくて、最初にチャートを見せてもらったくらいだったから自分の考えでやってたんだけど、しっかりとヤラレたよ。

たとえ相場が良くても同じ、誰もが歩む〝お決まり〟の道を通ったたってことだと思う。

――買っても上がらず、塩漬けになったの?

いや、損切りはできたんだよね。ただ、切るタイミングが遅くて……1500円で買った銘柄が500円まで下がってから損切りとか、ほとんど底でブン投げ。

そんなことを繰り返しているうちに、トータルで500万円くらい損したかなあ。

その時、負けた原因なんて理解できないまま、「個別株は向いていないんだ。先物をやろう」って思ったんだよ。

――結果は?

同じだよ。そのころはラージしかないのに、レバレッジを効かせて10枚単位、最高で30枚張っていたから。ただ、やっているうちに、考え方を大きく変えるポイントがあったんだ。

――それは？

「逆張りをやるんだ」って言いながら、本当の意味の逆張りではなく、値ごろだけで見ていたんだよね。買うときは、「安くなったから買おう」って発想。でも、さらに下がるから「もっとおトクだ」って、また買っちゃう。ダメなナンピンだよね。ヤラレるのは当たり前、〝相場あるある〟をたどっていたんだな。で、「順張りにしよう」と思ったわけ。

グングンと上がってからの飛びつきではないから、「順張り」という表現が正確かどうか……とにかく、買いは〝上げの波に乗る〟、売りはその反対という自然な路線に移れたんだ。

――利益が出るようになった？

いや、トントンだった。やっと、トントンになったんだ。

相変わらず枚数を張っていたから、ヤラレたときの損が大きかったんだよね。

正確に言うと、この時点では、まだ〝あるある〟の路線にいたんだ。トレード日誌なんて書いていなかったし、売り買いの帳面すらつけていなかったから。

利益も大きかったけど損も大きくて、出入りが激しい状態でトントン。ということは、アブナイよね？

でも、中越地震の時に「資金管理」の発想に気づいたんだ。

直前にラージ10枚を買ってオーバーナイトしていたら、朝から一気に300円幅下げて、10枚で300万円の損失。この経験で、適正な枚数を考えることに、やっとたどり着いたんだ。

適切なタイミングと数量の調整、この2つを大切にすることで、少しずつ利益が出るようになったよ。


本人が言う通り、相場の失敗・勘違い〝あるある〟をひと通り経験し、その積み重ねから独自の手法を構築したのだから素晴らしいと思うし、その過程で強固な土台がつくられたのだと思う。

バイク屋が軌道に乗ってからは経済的に余裕があったそうだ。だからトレードに熱中できたわけだが、一定のバランス感覚があったのだろう、とことんカネを突っ込むようなことはせず、資産額や収入から見れば〝ほどほど〟の金額で張っていたようである。

しかし、数量や頻度が適正でも、気持ちが熱くなるのがマーケット参加者の心理。しっかりと考えるための情報が彼の身近にあり、なおかつ、それに賢く気がついた経緯があったはずだ。

2. そして3人だけになった

――いわゆる相場本は読んだ?

いろいろな本を読んだよ。でも、例えば「50万円を1億円にする投資」みたいなタイトルの本が多かったかなあ(笑)。

あとは、手法が書いてある本……といっても、「これだけでハイ儲かる!」みたいなヤツね。本の選び方も、〝あるある〟だったかな?

ただ、パンローリングの高額な本に、まったく姿勢のちがうことが書いてあったよね。そういったものに出会ってから、徐々に考え方が変化していったと思う。

――本を読む、自分で売り買いしてみる、それだけで学んだの?

いや、一緒に研究する仲間がいたんだ。

ミクシィ※のグループで、トレードを勉強する人たちと情報交換をしたし、今でも当時の仲間とつき合いがあるよ。

※ミクシィ（mixi）
株式会社ミクシィが運営するソーシャル・ネットワーキング・サービス（SNS）で、2004年にサービスを開始し、インターネット時代の日本では最も早く大流行した。

――そのグループにはプロもいたの？

いや、全員がアマチュアだった。

プロに教わった経験は……どこかの会員になって推奨銘柄の情報を受け取っていたことくらいかな？　トレードのプロじゃなくて単なる情報屋だから、これもダメなヤツか（笑）。

ミクシィのグループの話に戻るけど、15人くらいが参加していて、積極的に発言するのはだいたい5、6人。でも、真面目な人たちが集って真剣に語っていたから、面白かったよ。

――それほど大所帯ではないよね。今でも全員とつき合いがあるの？

いや、お決まりのパターンで、多くの人が消えていったよ。ドカンとヤラレて、「私やめます」みたいな。

あと、自分の情報を出し惜しみする人がいたなあ。

数人のグループになにか情報を提供して、その結果、誰かがしこたま儲けたって、自分が損するわけじゃないのにね。そんな人ほど、他人の情報を根掘り葉掘り聞くんだけど、その手の人も自然と離れていったよ。
今、オレの「相場塾」に参加してくれている人には、自分の手法をそのまま伝えているんだ。隠すような秘密なんてないからね。それで、「儲かるようになりました」なんてお礼を言われると、ものすごくうれしいんだよ。

――そのグループで、今もつき合いがあるのは何人？

自分を含めて3人だけ。みんな、トレードで生活しているんだけど、オレが今やっている手法は、実際、この3人でつくり上げたようなものなんだ。

素直に取り組んで〝平均的な儲からない方法〟を経験したあと、素直な気持ちで真逆の姿勢になって手法を確立した――表面的にはそういうことだが、私にとって、著書で語っていることも、目の前でトレードに触れる語り口も、驚くほど物静かで、別の人間になってしまったような不思議な感覚があるのだ。
以前にちらっと聞いたり、著書やブログの文章を読んだりして、大病を患ったことで考え方が変わったのは知っていた。カネ儲けの話なのに、「ありがとう」とか「しあわせ」といった単語があって、ほんわかした雰囲気が漂っている。

苦しい経験で、どんなことを感じたのだろう……。

今回のインタビューで、あらためて話を聞く機会に恵まれたので、慎重に質問してみた。

3．余命宣告

——病気になったのは何歳の時だったの？


40歳の時で、最初は天疱瘡《てんぽうそう》っていう、難病指定されている皮膚の病気だったんだ。

歯の治療で金属を入れたあと口内炎ができたんだけど、いつまでも治らないから診てもらったら、そういう病気だとわかって……口の中が荒れて、固形物は食べられないし、しゃべることも難しいくらいヒドい状態だった。でも、根本的な治療法がなくて、ステロイドで抑えるだけなんだ。まあ、入院して治療を受けたら症状はおさまったけど、こんどは腰に痛みが出た。

その時の医者は、「天疱瘡の影響じゃないか」と言うんだけど、鎮痛剤を飲まないと起き上がれないほどの痛みが毎日続いたんだよ。

そのあと医者が替わって、「ペット検査してみようか」ということになったんだ。そうしたら、悪性リンパ腫で体中の40カ所にガン細胞があるって。医者からは、「ステージ4です、あと半年です」と、あっけなく言われたんだ。

――えっ？　どんなふうに思ったの？

ものすごく不思議なんだけど、「あっ、そうか。オレ、ガンなんだ」って、すんなりと受け入れられたんだ。

自分の体のことは、自分がいちばんわかるって言うでしょ？　天疱瘡とガンは関係ないけど、体が徐々に弱っていく過程を自分自身で観察していたせいか、「あと半年なんだな」って、アッサリした認識だったんだよ。

――「なぜオレなの？」みたいな言葉も浮かばなかった？

それもなかったなあ。「それなら、好きなことをやろう」と思っただけ。

医者の話を聞いて、抗ガン剤治療はやったけどね。

同級生の集まりに、オレが顔を出したことあるでしょ？　あの時は抗ガン剤治療の真っ最中で、薬漬けの状態だったわけ。

――最後かもしれないから会っておこう、なんて思ったの？

いや、そういう発想もなかったんだよね。

誰かに声をかけてもらって、「みんなの顔を久しぶりに見たいなぁ」と思っただけ。まだ抗ガン剤の影響でボーッとしてたけど、いい感じで調子が上がっていたから、前向きな気持ちで参加したんだよ。

――あの時、ガンの治療で毛が抜けたって帽子をかぶっていたのは覚えている。でも、「もう回復した」くらいのことを言っていなかった？

まだ、治療の最中。でも、抗ガン剤治療を始めてから、日に日に良くなっていったんだ。驚くくらいね。それで、そんな説明をしたんだと思うよ。

実際、半年の抗ガン剤治療のあと、あらためて検査したら、ガン細胞がきれいに消えてたんだよ。

――すごいというか不思議というか……

その医者も、「あっ、消えちゃいました。不思議ですね」って言ったよ（笑）。

ガンがステージ4まで進行して生き延びる人は、500人に1人らしいんだ。オレが、その1人なんだね。

はっきりしたことなんて誰にもわからないけど、自分の中では、開き直ることができたのが功を奏したと思っている。もともと楽観的だけど、自分でもビックリするくらい素直に事実を受け入れて、仕事のストレスから解放されて、抗ガン剤も効いちゃったって感じかな？

余命宣告を受けて治療に臨むなんて、想像もできない体験をしながら、実にあっけらかんと話すところが本当に不思議だった。

平たく言えば、〝達観した〟状態である。それがまた、トレードには適しているのだろうが、気の持ちようだけで利益が出るわけではない。

仲間とともに苦労して築き上げ、現在は独立トレーダーとして家族を養っている彼の手法について、話を聞かせてもらった。

4. 80%はトレンドレス

――手法について聞かせてもらいたいんだ。著書には、「値動きの80%がトレンドレス。仕掛けても利益にならない」とあるよね。出動のポイントを、かなり絞っているの?

利益のチャンスを一度たりとも逃すまい……こんなイメージだと、オレが以前にやって失敗を繰り返した「値ごろ感ばかりの仕掛け」になっちゃう。そうではなく、トレンドがあるかどうかの見極めを大切にしているんだ。

見極める方法は無限に考えられるよね。オレの場合は、日足と60分足を併用している。結果として、仕掛けのチャンスは月に10回はあるよ。「1日1回のエントリー」と決めていて、やたらと手を出すことはしないけど、その1日1回があるかないか、くらいのイメージだね。

一般的な分類では、やはりデイトレードだと思う。

――異なるチャートを同時に使うの?

2種類のチャートで同じものを見つけようとしたら混乱するけど、日足でトレンドを判断、60分足はタイミングを計るためのもの、と分けていれば合理的でしょ?

基本のイメージは順張りだから、買いならば上昇トレンドを確認してから仕掛ける。でも、押し目を狙って〝逆張りの仕掛け〟を行う、というやり方。

――トレンドを判断する基準は？

機械的判断で決めている。7日間の高値と安値を基準にしたシンプルな判断方法で、裁量を入れないから、誰が使っても同じ答えが出るんだ。切り上げていくか切り下げていくか、というのがポイントだね。

この基準でトレンドの兆候が見えないときは「トレンドレス」と判断するから、絶対に手を出さない。別に企業秘密じゃなく、本にも書いてあるよ。

――仕掛けは分割するの？

いや、分割も試し玉もしない。統計データを基に〝確度〟が高い場面を待って、一気に仕掛けるという考え方だね。ラージ10枚が基本で、売りでも買いでも10枚まとめて建てちゃう。

――手仕舞いのポイントは？

手仕舞いは、分割なんだ。だから、「一括仕掛け、分割手仕舞い」で、林投資研究所が提唱しているのと逆だよね。

――詳しく聞かせてくれる？

例えば、２万円ちょうどで10枚買ったとする。上げ狙いだね。そして、最終的な損切りポイント、これは状況に応じて事前に決めておくけど、それが１万９９００円だったとするよね。

動きがわるい場合は、20円下がったところで３枚切る、さらに20円下げで３枚切る……こんな調子で落としていっちゃうんだ。

――手仕舞いは早いんだね。

買って上がらない、売りを仕掛けて下がらない……つまり、自分が思う方向に動かないときは、間違ったトレードだから、切るのが当たり前。昔はわからずにやっていたけど、トレードの内容と結果を切り分けないといけないよね。

「正しいトレード」と「間違ったトレード」、「利益になるトレード」と「損になるトレード」、これら４つの区別が重要だと思う。

だから２時間、３時間たっても動かなければ、そこで１枚、２枚と落として減らしていく。前場で仕掛けて、大引で評価損ならば切っちゃうしね。

――仕掛けが正しかった場合は？

うまく乗れたときって、すぐに利が乗るよね。実は、そういう場合でも、分割手仕舞いの最初の2回は機械的に実行しちゃうんだ。

その局面のボラティリティを参考に決めるけど、80円幅、100円幅くらいで利益を確定して枚数を減らすようにしている。

――残りの玉は？

枚数が減ったあとは、裁量も交えて、ある程度までねばる。オーバーナイトもする。でも、状況に応じた最長の日数は決めてあるし、ナイトセッションで逆指し値はしておくよ。

――すぐに利が乗る、正解だ、「むしろ枚数を増やそう」と考える人もいるけど……。

1回ごとのトレードをマイナスにしたくない、少しでもプラスで終わらせたい――オレは、そんな考え方なんだよね。

トレードだから、必ず勝ち負けがあるし、損をしないと利益も出ないのが現実だけど、勝ちを大きくするよりも〝負けを小さく〟したいんだ。スリルを追って大勝ちと大負けを繰り返すのはダメだと経験から学んだし、結局は「コツコツ、ドカ～ン」ってトータルがマイナスになっちゃうから。

最後の2枚で利を伸ばせばいい、ってところかな。買い乗せや追撃売りで、平均価格が不利になるのはイヤなんだ。

――トレードの区切りをよくしようという発想かな？

そうだね。だから、逆方向に動いて落としていったあと、仮に買った場合なら、弱含む中で買い玉の枚数を減らしたあと再び強くなったとしても、買い直しはしないんだ。

ただ、残りが2枚になったあとならば、新たなトレードとして、いったんゼロにする前に再び買っていく。結果的には買い増しだけど、自分にとっては買い増しじゃなく〝次のトレードのスタート〟だと考えるんだよ。

――ひとつの完成形があっても、悩みがあるのがトレード。そんな当然の悩みは別として、いま課題としていることはあるの？

分割エントリーを取り入れられないか、ってことだね。

親父さん（林輝太郎）の本を読んで、思ったんだ。試し玉を活用した分割の仕掛けという発想を加えたら、自分のトレードが進化するんじゃないかと。

――一括エントリーで、納得できない結果もあるってことだね？

いきなり逆行したときに、不要な損が出るのが気になるよね。分割で慎重に入っていれば、そういった事態を避けられるかもしれない。米雇用統計の発表とか、相場が荒れる要素があるときは避けるけど、ゼロにはできないから。

あとは、乗り遅れだね。上げトレンドだけど計算では確度が低いから待ちだ、と思っているうちに上がっちゃう……慎重さを保った結果だから仕方がないけど、最終的に仕掛けた場合は、待った分だけ平均価格が不利になるわけだよ。

――もう少し大きなところで、トレーダーとして目指す状態は？

ゴールってものが、特にないんだよね……。

病気を経験したせいか、「生きているだけでラッキー」って感覚なんだよ。ヘンな言い方をすれば、「夢や希望のない生活を送っている」と思えるんだ。

バイク屋をやっていた時代は、「東京で一番の売上」なんて目標を立ててガツガツと取り組んでいたし、それが当然だと思っていた。そういった気持ちが、まったくなくなっちゃったね。林に言われるまでもなく、中学や高校の時とは別の人間になったと自分でも感じているくらいだから。

儲けたい、カネを稼ぎたいと考えてトレードしてるのはもちろんだけど、不要にガッつくところがなくなったよね。

先物ラージ10枚という限度は、それが自分の器だから。10枚を超えるとドキドキしちゃってダメ。初心者のころにラージで30枚も建てていたのは、ジェットコースターのような感覚を求めていただけなんだね。


私自身が教わった〝慎重な分割仕掛け〟とは真逆の一括仕掛けを行う彼の話を聞いても、それほどの違和感は生まれなかった。一括のエントリーといっても、機会を絞って「待つ」ことを重視しているし、その分、手仕舞いに細やかな神経を使っている。だから、全体ではバランスが取れていると感じたのだ。

私自身が日経225先物のデイトレードを経験していないから、このあとの雑多な情報交換では、感じるままにアイデアを伝えることは避け、実践者それぞれで真実はちがう、全体のバランスの問題、最後は好き嫌いの問題といった考えを述べるにとどめた。

ちなみに、彼は「目標がない」と言うが、何の目標もなく生きている人間はいないと私は思う。実際、トレードの質を上げようと考え、分割の仕掛けを取り入れようとしているし、1回ごとのトレードを、わずかでもプラスにしようとするのも目の前にある目標だ。

トレードを学ぼうという個人投資家を相手に「相場塾」を主宰しているのも、なんらかの考えと目指すところがあるからだろう。

あえて彼の言葉を否定して私の感想を述べるとすれば、無意識に自然体の目標がある状態なのではないだろうか。

以降は、12月に行った続きのインタビューである。

5. 学びの場

——初心者のころは、自分が学びの場や仲間を探していたけど、今はそれらを提供する側だよね。オンラインだけでなく、オフライン※の集まりも開催するの?

年に2回、東京と大阪で「オフ会」※をやるよ。やっぱり、盛り上がるね。投資家はふだん孤独だから、志が同じ投資家との交流は貴重だと思うんだ。

積極的な姿勢の人は、時間があればオフ会に参加して、〝相場仲間〟をつくったり、自然とグループができたりするよね。

※オフライン、オフ会
オンラインはインターネット経由の情報伝達、あるいはやり取り。それに対してオフラインが、実際に会ってコミュニケーションを図ること。ふだんインターネットでつながっている人たちがリアルに会うことをオフライン・ミーティング、通称「オフ会」という。

――でも、基本となるのは個人の技術。稔の「相場塾」について、概要を聞かせてくれる？

２００８年からやっているから、そうか、そろそろ10年になるね。基本となるのは半年コースで、立会がある日は毎日、２通のメールを送るんだ。

１通は「直伝」と呼ぶ教科書、オレのやり方を説明する内容だね。もう１通は「日々メール」、オレのポジションを完全に公開する内容で、手法のどの部分をどう当てはめて売買したかを確認してもらうためのものなんだ。

それを半年間続けたあとは、継続して日々メールを受信するかどうかを検討してもらう、という流れにしてある。

――途中でやめる場合は？

「自分には合わない」と判断するケースもあるだろうから、月間の契約にしているんだ。相場のやり方は、ちょっと考えただけでも数百通りある。合う、合わないはあるから、それを判断してもらう余地は設けておかないとね。

――でも、多くの個人投資家は「儲かって当たり前」って感覚だから、どんどん売買して「儲かった」「損した」……そんな目先の結果だけで〝よいわるい〟を判断しちゃったりするでしょ？

あるねえ。それを防ぐための半年コース、月割りの料金なんだけど、どうしたって誤解されることはあるよ。

経験上、２～３カ月すると、根底にある考え方を理解してくれるんだけど、誤解したままやめる人もいるはず。ただ、正しい判断で「合わない」って確信するケースと区別がつきにくいから……。

私は8月のインタビュー時に、本人の意向を確認したうえで、林投資研究所の中源線建玉法に関する資料を彼に提供したのだが、その後のことについて質問してみた。

6. 感情がわかる

――中源線はどうだった?

エントリーのポイントを決める過程はオレのやり方に近いけど、オレは分割でエントリーせず、とりあえず満玉建てちゃうでしょ。だから、状況に応じて、中源線の分割エントリーを取り入れてみたんだ。そうしたら、精神的にラクになったと思うんだよね。

――稔が提唱する「ストレスフリー」に合致する感じ?

そうだね。判定のポイントが増えるわけだけど、〝試しの枚数にとどめるべき〟状況のときに、10枚建てずに3枚だけにしておくとか、そういった入り方を取り入れてみたわけ。

例えば長い時間軸は上向き、でも短い時間軸は下向きのときは、目先の調整から長い時間軸も下向きに変化するかもしれない……こんな状況でも「とりあえず買いポジションを持っておくべき」と考えるのが相場だよね。

ではどうするか――試し玉を建てて値動きを見るしかない。

こんな感覚が素直にルール化されているから、その部分が「よくできている」と思うんだ。

――具体的には、どんな効果が生まれたの？

まずは、いま言ったように「ラクになった」ってこと。見込み通りに動いてくれないときでも、以前よりも冷静でいられるから、自分の感情がわかるよね。

物理的には、当然だけど、見込み違いの際の損失額だよ。

予定の10枚をまとめてエントリーした場合、逆行で損切りすると「イタい」ってことになるけど、3枚なら損失額が抑えられる。それに、エントリー後のポジション操作もちがってくるね。

10枚まとめてエントリー、直後に逆行……全玉を切るほどじゃなくても一定の対応をせざるを得ない、10枚を維持した状態で、さらに逆行するとキツいよね。

でも3枚ならば、その逆行を見てポジションを増やすという選択肢もあるんだ。

ポジション操作が早すぎてしまうような状況が減るから、精神的にもラクになるよね。

――そのかわり、動意づいたあとスピーディーに動かれて、結果的には「サッと乗っていればよかった」ってケースもあるよね。

それは仕方がないよね。相場だから。

ただ、同じ「仕方がない」でも、つらい連敗のとき、分割エントリーの意味が大きいと思うんだ。

相場だから負けも必然、連敗することだってあるって理解しているから、いつだって「仕方がなく軽減されるでしょ。

い」わけだけど、続けて負ける、かつ損失が積み上がる状況は心にも〝響く〟よね。それが、大き

――中源線は「動意づいただろう」という判断でスタートするから、中途半端な往来で連敗するのが欠点。そのかわり、いったんトレンドが発生したときには一定の逆行がない限り持ち続けるから値幅を取り損なうことがない、これが大きな長所だよね。

転換したときが、完全な手仕舞いだよね。その部分については、オレもトレーリングストップ※の考え方を取り入れて実行しているから、具体的なロジック（判断基準）は別でも「同じだな」って感じた部分だよ。

でも、転換を伴わない手仕舞いルールがあるでしょ。あれが面白いね。中源線のルールをそのまま使ってるわけじゃないけど、大陽線3本で売り手仕舞い、大陰線3本で買い手仕舞いするポジション操作を思いついて使ってるよ。

※トレーリングストップ

見込み通りに動いて利の乗っている状況において、逆行したときに手仕舞いする逆指し値の価格を、現在の相場水準に近づけて動かしていくこと。例えば、200円で買って250円になったときに230円で逆指し値を入れ、さらに伸びて価格が270円になったら逆指し値を250円に引き上げる、といった対応。

――中源線のルールにある〝トレンド途中の手仕舞い〟は、結局は増し玉して元の数量に戻るという意味で議論があるんだ。影響が小さいから検証してないけど、ルール通りに建て続けても利益を伸ばさないんじゃないかって。でも「ワン、ツー、スリーと伸びたら少し手仕舞う」というのは、実践者の感覚に素直だと思うんだ。

人によるけど、一部を手仕舞いするとか、ツナギの玉を入れるとか、なにかアクションを起こしたいケースだからね。

――中源線を「そのまま使う」実験はしていない？

検証はしてみたよ。ただ、中源線で連敗したときはドローダウンが意外と大きいと思うんだ。建て続ける、つまり〝システム〟として使う場合は、このへんが課題なのかな。銘柄や資金稼働率の設定にもよるけど。

ちなみに、中源線は「日足」をベースにしているけど、オレの売買スタイルに当てはめた場合は、「4時間足」で利用してスイングトレードを実現する、ってところかな。

中源線をそのまま使うと売買期間が半年近くなるところを、1カ月か2カ月で区切りになるように、って感じだね。こうすることで、自分の売買にうまく取り入れられると思うんだ。

ふだん私は、2つの手法を並行して勉強してはいけない、と説明している。なにを持ち出しても予測の的中率は五分五分、またはそれに近い数字に帰結するのがマーケットの現実だ。だから、それぞれの手法に一長一短があり、「売り買いで利益を上げる」ための共通点はあるものの、細かい部分では必ず矛盾点が生じることになる。

ただし、ひとつのことを一定の水準まで高める、つまり、自分なりの「確信」を得た状態にできれば、状況はまったくちがう。ほかの手法をのぞき見ることで、自分の手法の強みや弱点を再認識することができるから、視野を広げる意味でも実践したほうがいいと思う。

いわゆる〝いいとこ取り〟をする、とにかく混ぜ合わせるみたいなことは混乱を招くだけだが、1つの手法を一定のレベルで自分のものにすれば、この混乱が起こらない、ムチャな取り組み方をしようとしない、という論理である。

私は金子氏に対して、希望するか否かを確認しただけで中源線の資料を渡した。

思った通り、中源線を部分的に取り入れた、というよりは、中源線の哲学を理解し、自身の哲学によって「自分のやり方を一歩進めた」ようだ。

プロとして当たり前だが、中源線を「そのまま使う」ことも検討しつつ、とりあえずは自分の売買スタイルを軸にヒントを探した、ということである。

7. 出来のわるいカーナビ

——8月に話を聞いた時、最初は「えっ、一括で10枚建てるの?」と思ったけど、一括エントリーにも優位性があると思うし、「トレンドレスだから手を出さない」って選択肢があることでバランスが取れているよね。

分割エントリーを取り入れつつある状態だけど、それは別として、自分のやり方に適合する〝トレンド〟がなかったら、手の出しようがないから、「やらない」って選択肢があって当然じゃない。

——ところが、「読み」と結びついた「対応」って発想がない人もいるのが現実だよね。

「今週はトレンドレスだから、やりません」って説明すると、「じゃあ、来週はやるんですね」と返ってきたりするね。答えようがないんだよ……。

来週にならないとわからないことなのに、それを「当ててくれ」って姿勢だからね。相場の行き先なんてわからないのに、「行き先がわかるから儲かるんでしょ?」って決めつけている人がいるよ。今の相場が今後、「どっちの方向に動く可能性が高いか」を考えるだけなんだけどね。

――その判定方法がさまざまで、「ちなみに、この手法ではこう考えます」ってだけなのにね。

先行きはわからない、と説明しても食い下がってくるケースもあるよね。特に、トレード対象が日経225だから、世間に雑音が多いのかなあ、「何日後に天井を打ちますか?」とか「東京オリンピック前にバブルの高値を超えますか?」みたいな質問は、まさに〝あるある〟かな。

「統計上、○○日後に天井を打つ可能性が高い」って説明は可能だけど、さらに上に行く可能性もあるわけだし、あくまでも「現時点」で考えた「可能性」にしか言及できない。

単に、ポジションを取ったり調整するための基準でしかないんだけど、そこが伝わらないこともあるから歯がゆい、いや、「うまく伝えたい」ということだよね。

――常識人が錯覚を起こすのが相場、そういうものだと思うんだ。われわれも、錯覚の修正にエネルギーを使うわけでしょ?

その通りだね。ただ、錯覚が強すぎたり、「錯覚があるのではないか」って発想がない場合が多いのかな。「休むも相場」って格言があるけど、知っていても休まないで張り続けたり、「休む」というのは値動きを見ないで相場から離れることだと思っていたりするよね。

ポジションがないときこそ、次のチャンスを見つけるための大切な時間。ある意味、ポジションを取っているとき以上にガッツリと値動きを見なきゃいけないのに。

――「チャートには未来が示されている」なんて、インチキ情報があることも誤解を強めていると思う。

われわれは、チャートを見て、分析して、ポジションをどうするかの判断をするよね。これは正しい。でも、チャートというのはカーナビ、車に搭載されているナビゲーションシステムみたいなものだと思うんだ。

――カーナビは、目的地をセットして道を示してもらうよね？

それに対してチャートは、「目的地を入れることのできないカーナビ」なんだ。別の言い方をすれば「出来のわるいカーナビ」で、今までの軌跡を示しているだけで、目的地を入れることはできないし、カーナビの画面に目的地が示されることもないってこと。

今まで、こんな道を通ってきましたよ。だから、この先は「こっちの可能性が高い」と示してくれる。でも、絶対に目的地は示してくれないんだ。

――現在地より少しだけ先の道は示してくれる、それで終わりってイメージかな？

例えば、2つの道を、ちょっとだけ先まで示してくれている。1つは可能性が高い、もう1つの道は迷う可能性があるよ、みたいな雰囲気かな。でも、現在地、今いる地点はクッキリと見えているから、そこに誤解が生じるスキがあるのかもしれないね。

インタビューが終わって自宅まで1時間強、関越自動車道を運転しながら考えたが、やはり、彼はとても珍しい存在である。業界の内部にいたこともない、業界の人間とのつき合いもほぼゼロ、しかし自らの素直な研究で技術を確立した数少ない人間の一人である。

相場塾には業界の人も参加しているそうだが、売買に関して「こんなことも知らないのか」と驚くことがあるという。逆に、金子氏は実践しか知らないため、私がちょっとした業界の話題をふっても、「えっ、そうなの?」と拍子抜けするほどの反応しか見せない。

しかし、考え方を聞けばわかる、正真正銘のプロである。

山田良政

精力的にＥＡ開発を続ける元裁量トレーダー

「答えはシステムと裁量の融合です」

山田良政氏は、ＥＡ（Expert Advisors、トレードシステム）の開発者であり、自分が作ったＥＡを使って自己資金でトレードする実践家でもある。

多くのＥＡ開発は、意外と無責任な姿勢で行われているという。要するに、作ったシステムが「売れればいい」という考え方で、それを使ってトレードした人が儲けようが損しようが興味はないというのが実情のようだ。そんなＥＡは、期待して買った者がバカを見ることになる。いわば、ふだんラーメンを食べない人がラーメンを作り、味見もしないで客に食べさせている状態である。

しかし山田氏は自分で食べるために、自分が食べたいと思うラーメンを作り、販売もするし自分でも食べ、より上を目指そうというのだから、ＥＡのことを学ぼうと考えている私は、彼にとても興味をもった。

インタビューは２０１４年４月３日、林投資研究所オフィス近くの飲食店で行った。

1. スタートは昭和のアナログ作業

――まずは、トレードを始めたきっかけを聞かせてください。

親父が証券会社出身で、その後も相場の世界で仕事をしていたのです。実はトレードというものが、とても身近にあったんですね。

――では、かなり若い時からお父さんの手ほどきを受けたとか？

いいえ、むしろ逆でした。

僕は、親父が40歳の時に生まれた子です。親父は昭和11年生まれですから、典型的な〝昭和のオヤジ〟で口数も少なく、しかも年齢差があるので、そもそも会話がありませんでした。

そんな親子間で僕の幼少期に、ちょっとした出来事がありました。親父はテレビのニュースを見ながら為替レートなどをメモするのが習慣だったのですが、たまたまトイレに行っていたので、気を利かせてテーブルの上に広げた新聞の隅にメモしておきました。父親に褒めてもらおうと考えたわけですよ。

ところが親父は褒めるどころか、「新聞に書くとは何ごとか！」と僕をしかったんです。

こんなことがトラウマになり、「この世界にはかかわりたくないなぁ」という気持ちが生まれました。だからずっと特別な興味を持たず、むしろ近寄らないようにしていたんです。

――でもお父さんの行動を、かたわらで見ていたんですよね？

見ていたからこそ、余計にイヤだったんです。

朝は3時に起きて、新聞で株価を見ながら電卓をたたいたり、方眼紙にチャートを描いたりと、アナログで根気の要りそうな作業を毎日やっていました。しかも、午後4時くらいには家に帰ってくるんです。僕が物心ついた時は証券会社を引退し、〝投資顧問の顧問〟みたいな立場にいながら自分でも相場を張っていたようですね。

でも子どもにとって、ステレオタイプから外れた父親って、なんだかイヤじゃないですか。とにかく親父の日常のすべてが、あまり心地良いものには感じられなかったのです。

――すると、初トレードはいつだったのですか？

卒業後に就いた通信機器の営業職を辞めたあと、実家に寄ったことがあるのですが、その時に親父のほうから声をかけてきたんです。１００万円ほどの貯金があることを知ったうえで、「株を買ってみないか」と。

目先の収入がなかったわけですから、「これで稼げるかも」という軽いノリで話を聞きました。それが、トレードを始めるきっかけでしたね。2004年のことです。

――うまくいきましたか?

最初は、ものすごくうまくいきました。村上ファンドやライブドアの堀江氏が話題になって株が世間の注目を集める直前でしたが、まだネット取引が主流ではなかったはずです。親父と一緒に北浜の地場証券を訪れて取引口座を開設し、親父の説明をいろいろと聞いたことをよく覚えています。うちの親父は数銘柄の個別株を先行指標として日経平均の動きを推測するなど、独自の研究と視点でマーケットを観察していました。それがよく当たるので、とても納得できたのです。実際、組織に属して給料をもらうのではなく、株で生活費を捻出していましたしね。

結局、親父の指南の下で新興市場の不動産株を買ったのが最初で、その後も銘柄を見つけては乗り替えているうちに、繰り返し行われる株式分割の恩恵を受けるなどした結果、元金の80万円があっという間に300万円になりました。

この時点ではまだ再就職を試みていましたが、ほぼ決まりそうだった話が消えてしまい、それをきっかけにトレードで稼ぐことを考え始めました。「1日1万円を稼ぐことは可能。それでメシが食えるかもしれない」という発想でした。

――そこから本格始動ですか？

はい。まずはパソコンを2台買いました。僕の分と親父の分です。そしてネット取引の口座を設け、大阪に住んでいた親父が毎日、神戸の僕の家に来て日中を一緒に過ごすという、親父を師匠にトレードを学ぶ日々が始まったのです。

――山田さんは相場を教わり、逆にお父さんにパソコンを教えたのですか？

親父は、パソコンを使って発注することや、ウォッチしている銘柄を画面に並べることなどは覚えましたが、それが限界でしたね。だから相変わらず、電卓を使った地味な作業で株価を分析し、それを手描きチャートにしていました。僕も当然、それを手伝っていたわけですが、単なる計算の部分はパソコンにやらせればいいと気づき、エクセル（Excel）※のシートを作ったのです。

※エクセル（Excel）
最もポピュラーな表計算ソフト。ビジネスの場で一般的に使われている。マス目に数値を入れれば、設定した数式通りに結果が出る。まとまったひとつの表を、「シート」と呼ぶ。

――お父さんは、どんな計算をしていたのですか？

それが、よくわからない代物で（笑）、親父は自分のオリジナルだと言っていましたが、それもどうだったのか……。とにかく、新値足※のようなチャートを描くための計算でした。

しかし僕はそのエクセルのシートを使いながら、新しい発想に至りました。手作業で計算しているうちは余裕がなかったのですが、表計算で大幅に省力化されたので、計算式を変化させてみたり、複数のパターンを同時に画面に出して比較するといった発展形を容易に想像できるじゃないですか。

今考えてみれば、これがシステムトレードを研究するきっかけだったのでしょう。

※新値足
一定の条件を満たしたときに足を描き足していくという、非時系列チャート。一般的なものは、チャートのヨコ軸と時間の経過が一致する「時系列」チャート。

2. 自己の判断で散る

――トレードは、その後も順調だったのでしょうか?

いや、ライブドアショックで大ヤラレしましたよ。

堀江氏率いるライブドアが証取法違反※の容疑で家宅捜索を受け、それをきっかけに翌日から株が売らましたが、下げ初日の前場はライブドア以外の銘柄は、それまで通りの勢いで買われていたことを記憶しています。それこそお祭り騒ぎで、多くの銘柄がストップ高になっていました。

この時、口座の資金は1000万円を超え、目先の評価益だけでも約300万円と、派手に増えていました。僕は初めて、親父の意見を全く聞かずに別口座で買い出動したんです。

ストップ高に張りついていた銘柄がふっと下げる場面で買い、「明日もストップ高か」というイケイケの気持ちでした。

ところが後場に入ると一転、軒並みストップ安の気配じゃないですか。以前から持っているものはともかく、その日の前場で買ったものは、数時間でストップ幅の2倍の評価損ですから、まさに天国から地獄でした。

※証取法
証券取引法。現在は、「金融商品取引法」(金商法)によってルールが規定されている。

――それほど派手に様変わりしたんでしたっけ?


新興市場でトレードしていた人なら、覚えていると思います。マネックス証券が日中、ライブドアや関連する銘柄の代用掛け目※をゼロにしてしまったのです。あり得ないやり方です。

それらの銘柄を担保に信用で玉を建てていた人は、余分な現金を持っている人を除いて突然、昼休み中に担保価値が消えてしまったのですから、どうにもなりませんよ。すでに大きく上げていたとはいえ、相場以外の要因が飛び出してきたわけです。

さすがの親父も冷静さを欠いていたようで、「戻る」と強気の姿勢を崩さずにポジションをホールドしていました。

※代用掛け目
正式には、代用有価証券の掛け目。株や債券、投信などを、信用取引の保証金あるいは先物取引の証拠金として使うことができるが、時価に一定の率（掛け目）を掛けた値が現金換算額となる。

――その後の経緯を聞かせてください。

結局、1000万円を超えていた資金は100万円前後にまでしぼんでしまったので、株をやるのに不自由な額だと考え、レバレッジの利く日経225先物に移行しました。再起を図る、単独のトレード開始です。

――どんなやり方をしたのですか？

実は何の基準もなく、やみくもにポジションを取っていただけです。とりあえず買え、とりあえず売れ、みたいなエントリーで、ドキドキして汗をかきながら「10円抜けた。手仕舞いだ！」というような、とても手法とは呼べないスキャルピングをやっていました。

1枚の取引で1万円の利益を出しただけで、ゼーゼーいっちゃうわけです。当たり前ですが、「これではいけない」「ちゃんとした手法を考えなくては」と思い、たまたま見ていた10分足を使って何かやろうということになりました。

それでも、過去数本を上抜いたら買う、下に抜けたら売る、というような単純なブレイクアウトの手法で、本当に〝テキトー〟なトレードだったと思いますよ。証拠金の詳しい仕組みさえ知らない状態でしたから。

少ししてから、両建てだと「最低証拠金」はゼロになることを知り、損切りせずにやたらと両建てしてみたり。

こんなふうに、しっかりした手法も技術もなかったのですが、必死さを原動力に利益は出ていたのです。2006年の12月なんて、その月だけで600万円も稼ぎました。

――そのあたりから、トレードが仕上がっていったのですか？

いえいえ、テキトーなまま続け、また大きな失敗をしました（笑）。

2007年2月の上海ショックで、日経平均が短期間で急落しました。その手前は順調な上げ相場だったので買いを中心にしていたのですが、自分なりの分析で徐々に弱気に傾き、下がれば儲かる〝売り長〟のポジションを取っていたのです。この見通しは当たっていたのに、なかなか下げない相場と周囲の強気を見ながら自分が信じられなくなり、方針を変えて買いに転じた直後に上海ショックですよ。典型的な〝ヤラレパターン〟を演じてしまいました。

――どんな結末だったのでしょうか？

急落を受け、評価損が１０００万円に達しました。もともと損切りせずに両建てしていくテキトーな対応だったので、実利を積み上げながらも評価損が常にあり、その評価損が暴落で一気に膨らんだのです。

そうしたら証券会社から電話があり、「大丈夫ですか？」って（笑）。僕はもう、感覚がおかしくなっていたんですね。一大事なのに事態が飲み込めず「大丈夫ですよ」と答えたのですが、余裕資金は残っていないし、急いで計算したら「次の日も下げたらスッテンテン」という状況でした。

その日の夜は、さすがに眠れませんでした。日経ＣＮＢＣでＮＹダウの動きをジッと見ていましたし、番組終了後は大汗をかきながらリアルタイム情報を探し……そんなこんなで一睡もできませんでしたよ。

ＮＹダウは結局、安く引けていて、その日の日経平均も売られる……全財産を失うという結末を想像するしかありませんでした。本気で首をくくることを考えながら取引開始の時間を迎えると、なんと日経平均は高く始まったのです。

――どう行動しましたか？

悩みながら徹夜した状態だったので電卓をたたくことすらできず、急いで証券会社に電話をかけて「今切ったら、いくら残りますか？」と聞きました。すると、すぐに計算してくれて「300万円残りますよ」と言うので、もう即決ですね。僕は「では、全玉を落としてください！」と発注したのです。

――よく決断できましたね。

だって、本当に死ぬことを考えながら一夜を明かした直後ですよ。「生き返った」「タネ銭があれば、またトレードできる」って気持ちだけでしたよ。そして、トレードを休んで大反省、今後のやり方を再構築し始めました。

インタビューをお願いすると、プレーヤー同士ということもあるから皆、安心して話を聞かせてくれる。とはいえオトナだから、インタビューを読んだ人が誤解するのではないかと心配する気持ちで言葉を選ぶ場面はある。ところが山田氏は本当にあっけらかんと、失敗談も自慢もストレートに開示してくれる。練習してきたのかと思うほどなめらかな説明は、彼が一切飾ることなく自分のキャリアを披露してくれているのだと、あとで録音を聞いて確信した。

金融の世界で組織に属して働くと、誤解によるトラブルを少なからず経験し、周囲を警戒する気持ちが強くなるものだと思う。しかし純粋にトレードを実践、研究してきた山田氏には、そういうところがない。だから例えばセミナーの講師として話すとき、「先生」のイメージから外れた雰囲気になるほどだ。しかし実は、まっすぐな姿勢の持ち主で、それが魅力的に映る部分である。

ちなみに上海ショックのあとは「命からがら逃げた」とのことだが、戻ったところで全玉を投げた決断は評価に値する行動だと思う。相場の読みではなく手法や資金管理に問題があったことが原因といわざるを得ないが、なりふりかまわずにポジションを閉じた背景には、プロとして続けていく大きな覚悟があったにちがいない。

3. 手法の確立

――上海ショックを経た、次のステージでの活動について聞かせてください。

再び日経225先物をトレードしたのですが、大証の取引が午後3時10分に引けたあと翌朝まで取引がない点を重視しました。※海外の動向によって日経平均が動く部分が大きい、ということです。

メディアが無責任に材料視するだけでなく、本当にそういう部分がありますから、日経平均先物をトレードするうえでNYダウの動向も見ようと考えたのです。

ここで僕は、親父が使っていた自称オリジナルの計算式を持ち出しました。実際に使っていないものの、研究を続けていたのです。

10日くらい先までを予測しようという狙いで、基本となる考え方は単純です。下げが続いたら上がる、というようなことで、騰落の日数を数えるサイコロジカルラインを想像してもらうと近いかもしれません。

でも僕が考えたのは、実際にポジションを取るために、変動値幅まで考える実践的な予測システムです。これをさらに改良するところから、現在に至る流れをつくることができました。

しかし自分の知識や常識だけでは足りないと考え、改めてちまたの本を読んで勉強しました。

※日経225先物の取引時間帯
現在は夜間取引（ナイトセッション）が翌日未明の午前5時30分まで行われているが、それに先立つ夕場（イブニングセッション）が始まったのは、この年（2007年）の9月。

──本の内容は役に立ちましたか？

残念ながら、読んだ本はあまり役に立ちませんでした。でも本の著者が開いていたウェブサイトをのぞいたりしているうちに、ほかのトレーダーたちとインターネットを通じて知り合う方法を覚えたのです。

それまでは本当に孤独でしたから、全く別の世界に踏み出した感じですよね。僕は、ネットを通じてつながりを持ったさまざまなタイプのトレーダーたちと交流する中で、自分なりの「手法」を編み出していきました。つまり、それまで足りないと感じて課題としてきた部分を、埋めることができたわけです。

——発想をシステム化し、過去データをコンピュータで検証したということですか？

いや当時はまだ、ものすごくアナログな作業をしていましたよ。５分足、10分足……と何種類ものチャートをプリントアウトし、思いつく方法があればチャートに書き込みながら試行錯誤するというやり方です。プリントアウトしたチャートが、部屋の中で山のようになっていましたね。

そしてブログを開き、完成して自信のある手法を公開したら、予想外に人が集まったのです。

その後は勉強会を開くなど、それまでとは異なる活動が始まりました。

4. FX、そしてシステムトレード

——そのころは、もう東京にいたのですか?

いいえ、勉強会に来てくれた人から「東京でやれば?」と提案してもらい、それがきっかけで東京に出てきたのです。そして会社を作り、現在の基盤が出来上がったわけです。それが、2010年でした。

——トレードの会社ですね。

そうです。いわゆるプロップハウスです。ところが会社を設立したのを境に、日経平均の動きがなくなっていきました。「100円の法則」なんてことがいわれたほど変動幅がなく、年がら年中、クリスマス休暇の時と同じようでした。

値幅を狙う場所がないし、「このあたりで止まるのかな」と思っても体で納得できないから動けず、スタッフの給料も含めた出費ばかりがかさむという、非常に苦しい状態に陥りました。こんなイライラの毎日が、2年、3年と続いたわけです。

そういえば、リーマンショックも含めて多くの混乱を生き抜いてきたプロでも、このころの動か

ない市場で消えていった人がけっこういたようですね。証券ディーラーが昼間は寝ているという、異常事態でした。

——解決策はなんだったのですか?

ＦＸへの移行でした。でも、すごく抵抗がありましたね。日経２２５先物を手がけている者にとってＦＸに移るのは、ある意味、都落ちなんです。イヤだったんです。だから決断が遅れましたが、とにかくＦＸに移行してトレードしました。相対《あいたい》取引にはなじみがなかったので、板方式で行う大証のＦＸ取引を対象にしました。

——この時点で、システムトレードを行っていたのですか?

いいえ、この時点でも、まだ裁量です。多くの過去データを検証してストラテジーを構築していましたが、僕は感覚が中心のアナログ作業で、システムや自動売買には懐疑的でした。だから、機会があっても完全に拒絶しました。そんな、「魔法の杖」や「打ち出の小槌」なんてあるものかと。

でもプロとして証券会社とのつながりを強めたいと考えていたところに、ひまわり証券が採用していたプラットフォーム※でＥＡ、つまりトレードシステムを組むことができる、しかも出来上がったシステムのコンテストがあるというので、考えた末にシステムトレードの世界に足を踏み入れてみたのです。

僕を含めた会社のトレーダー4人でロジック（手法の理論）を出し合い、専門家に依頼してプログラムにしてもらいました。こうしてひとつのソフトウエアとして仕上がったものを、EA（Expert Advisors）と呼ぶわけです。

※プラットフォーム
コンピュータによる取引システムのこと。用意された機能で発注などを行うだけでなく、取引ルールを数式化したEAを開発したり、それを使った自動執行売買なども可能。

――ひまわり証券のコンテストで準優勝し、そのあとは現在のEA開発者兼トレーダーの地位を確立したんですよね？

簡単にまとめると、そういうことなのですが、ひまわり証券が震災後の混乱で大幅に業務縮小したことでEAを動かす環境（プラットフォーム）がなくなるなど、またまたサバイバル劇を演じることになってしまいました。

でも、一連の活動で出来たネットワークによって道が開けました。現在は、以前からのトレード研究を継続しながら、開発したEAを多くのトレーダーに使ってもらう、つまり実践家からフィードバックを受け取れる状態です。自己トレードとEA開発という2つの柱があり、それが密接にかかわっているということです。

——ミラートレーダー「ストラテジーアワード2013」で、山田さんのEAが最優秀賞に選ばれました。世界一の称号をもらったわけですよね。優れている点を教えてください。

過去のデータを使って検証したときに、利益が最大になるようにチューニング（調整）するのですが、その作業で根幹にあるロジックを動かしてしまうという誤りは、よく見かけます。

これこそが「魔法の杖」「打ち出の小槌」というイメージにとらわれた結果で、システムトレードを経験する前にもっていた僕の違和感は、こういう部分だったのかもしれません。

例えば日経平均について、2012年の動きに合わせたルールで2013年の動きが取れるか、ということです。

すべての場面で取れるなんてことはあり得ませんが、考え方が間違っていると、過去のデータを当てはめたときに良い数字が出るだけで、未知の未来に対する実用性はゼロ、という悲しい結末になりかねません。

短所があるのは必然ですが、長所すらない代物になってしまうということです。

5. ヒトの限界とシステムの限界

――もともと裁量で、システムに疑問を持っていた立場から、システムの優位性というものを説明してもらえますか？

優位性の前に、限界を説明します。人間の行動を１００％プログラムにすることはできません。ふだん５つの条件がそろって仕掛ける人が、たった１つの条件、あるいは５つの条件から派生する別の理由で仕掛けることだってあります。

そもそも、たとえ条件が５つそろったという場合でも、実際は感覚が主体の瞬時の判断で行動していたりするものです。

それに対してシステムは、肌感覚による理解が正しいかどうかを、検証によって確認できます。例えば「ＲＳＩ（相対力指数）が30％を下回ったら買い」といっても、実際にトレードすることにつながりにくい。でもＥＡを組んで具体的な売買ポイントを設定すれば、長期間の過去データを使った検証もすぐにできてしまいます。

数式がすべてではない、完全なものではない、という前提を忘れなければ、「見えなかったものが見える」という大きな効果があります。

あるルールについて、この時代では通用したけれど、別の時代では通用しない——では、どんな条件のときに通用するのか、というようなことが理屈で導き出されることもありますよね。すると、複数のルールを使い分けるという発想も生まれます。

もちろん、理屈が正しいだけで実行できない理論に到達することもありますが、コンピュータのプログラムに主導権を奪われなければ、戻ってやり直すことが可能です。

——私は、システムも裁量も根幹の発想は生身の人間によるものなので、特性は異なるものの、根本的に〝同じもの〟だと考えているのですが……。

そういう論理も成り立ちますが、あえて別のものだと考えてもいいのではないでしょうか。

まず、トレードシステムは統計学だということです。長期に実践することで結果が出るものなのです。

裁量の感覚でシステムを使うと、使い始めの一時期に結果が出ないだけで「ダメだ」なんて結論を出し、スイッチを切ってしまう。これは間違いです。

「人間のかわりにトレードしてくれる」という考えを捨てればいいんです。投資信託と同じような「ひとつの金融商品」だと思えば、わかりやすいのではないかと。トレードを代行してもらおうとするのではなく、「このシステムに、いくら投資できるか」と考えるのです。

システムと裁量のどちらを選ぶのかではなく、システムと裁量の「融合」だと僕は考えています。

――融合ですか？

まずは、使い分けですよね。お掃除ロボットというものがありますが、床の上はきれいにしてくれても、テレビの裏のホコリは取ってくれません。そこは、人の手でやるんです。

こういう〝常識〟を当てはめれば、システムと裁量のバランス良い使い分けが成立します。システムと裁量、それぞれがカバーする範囲を分けて考えるとスッキリすると思います。

また、場面による使い分けもあり得ます。例えば仕掛けは知識や経験に基づいた「裁量」の判断で行い、手仕舞いは、恐怖や欲望に左右されない「システム」によって行う、という考え方だって実行に移せます。

システムと裁量の両面を大切にしていれば、トレードに対する視野は大きく広がっていきます。

山田氏は「業者」としてスタートしなかったからだろうか、ヘンな〝汚れ〟がないと感じる。しかしアマチュアの研究で誤った方向に行くこともなく、中途半端に終わることもなく、実践と並行してとことん研究した。

その結果として蓄積されたものに既存業者の知恵が加わり、紆余曲折を経て実用的なツールを生む環境がつくられたのではないだろうか。

ちなみに、トレードシステムに詳しい業界の知人に聞いたところ、全体をバランス良く理解してEA開発をしている人は極めて少数ということだった。

そんな中、山田氏は、コテコテの裁量トレードからスタートしてシステムトレードの世界に足を踏み入れたのだから、数式による利益を追求しながらも「人にやさしい」実用的なロジックを組み上げているのはないかと感じさせる。

さすがの彼も話せない企業秘密はあるだろうが、裁量トレードで四苦八苦した経験を具体的にどんなシステムに落とし込んでいるのか、システムを組むときのポイントは何か——こういった部分の哲学を知るべく質問を続けた。

6．スキャルピングのシステムは損をしない？

――システムトレードの利用者は増えています。私は詳しくないので教えてほしいのですが、日計りで小幅の利益を取りにいくスキャルピングのシステムが多いような気がします。

実際にそうだと思います。スキャルピングのほうが、人気があるんです。単純に短期売買に興味をもつ人が多いということもありますが、マーチンゲール法※を採用した大半のスキャルピング系システム（ＥＡ）では損が出ないいんです。

※マーチンゲール法
カジノでの賭け方で、負けたら次回は倍の額、続けて負けたらさらに倍の額を賭けるという方法。

――損が出ない、というと？

損切りしないということです。逆行しても切らず、ひたすらナンピンを仕掛けていくんです。システムがシステム自身の間違いを認めない、ということですね。

――ちょっと待ってください。もしそのやり方で利益を出そうとしたら、ナンピンが少ない場合の資金

稼働率がかなり低くなければならず、運用システムとして機能しません。

だから、どんどんレバレッジをかけていくことが前提なんです。日本のＦＸ取引は現在、最高で25倍のレバレッジです。これだと足りないので、もっと規制の緩い海外での取引を想定することになります。

――なんだかムリがあるし、でっかい落とし穴があるのでは？

はい、あります（笑）。超短期のトレードで小さい値幅を前提としているわけですから、少し大きなトレンドが発生しただけでエライことになります。

実際にあったスキャルピング系ＥＡで、２年間で資金が１・７倍、つまり70％のプラスになったのに、相場つきが変化したことで、わずか１日で元金を割り込み、マイナス50％になったものがあります。たったの１日ですよ。

こんなふうに「いつか終わりがくる」のが、よくあるスキャルピング系ＥＡの特徴ではないかと僕は考えています。

だから僕は、お客さんの〝ウケ〟だけを考えたスキャルピング系のＥＡを作ることはしません。スイングトレードを前提としたものに特化しています。

——一般的なシステムトレーダーの多くは、毎日のように利益を出したいと考えるのでしょうか？

ある意味、相場は1年のうち7割は動きがないレンジ相場のような状態なので、スキャルピングでコツコツ取ろうというのは間違いではないといえます。でも、ひとたびトレンドが発生したときのマイナスを考えなければいけないと思います。

——ＥＡ開発を専門にしていると、「商品」と呼んでいいのでしょうか、扱っているＥＡは何種類もあるんですよね？

２００本のＥＡ（システム）を扱っています。

——なぜ、それほどの数のＥＡが生まれるのですか？

同じスイングでも、30分足を使うものと1時間足を使うものでは〝味つけ〟が異なります。また、「上昇トレンドに強いもの」と「下降トレンドに強いもの」に分けて作ったり、その2つを組み合わせて1つのＥＡにすることも可能です。あるいは、単発の仕掛けか分割の仕掛けかでも別のＥＡになりますね。それから、ＦＸでは通貨ペアの違いでも増えていきます。

こうやって進めていくと自然に、多くの種類のＥＡが出来上がるわけです。

――マーケットの状況に合わせることも？

そうです。例えばリーマンショック前と後では、相場つきが異なります。ボラティリティ（変動率）そのものが違います。リーマンショック前に好成績だったＥＡがショック後にも通用するかというと、おそらく難しいでしょう。

２０１２年末から株価が上昇し始めましたが、それ以前は、例えば「少し戻れば売る」というシステムで利益を出せたでしょう。でも２０１２年末からの上げ過程では、仕掛けたところから一気にガーンともっていかれることになったのではないか、ということです

――普遍的なＥＡというのもあるのですか？

シンプルなロジックのものほど、絶対ではありませんが、わりと常に機能するといえます。でも利益を最大限にしようとすると――あくまでも現実的な範囲でのことですが――条件を加えていくことになります。裁量トレードでも全く同じことがいえますが、どこまでやるか、どこに線を引くか、といったことがポイントですよね。

――種類が異なるものを、どう使い分けるのですか？

個々のＥＡについて特徴を理解することが大切です。どんな分野のどんな作業でも、状況によっ

て使う道具が変わります。でも、刹那的な〝とっかえひっかえ〟はいけません。

トレンドが出ることを前提としていれば、想定したトレンドが発生しない時期には儲かりません。でも、動かし続ければトレンドが発生したときに利益が出始める、逆に表現すると、気持ちが負けてそのEAを使わなくなったあとで機能し始める、という皮肉なことになります。

ところがEAを開発していると、お客さんの都合に合わせなくてはいけない部分もあります。現物株を対象にしている人たちは比較的、忍耐強い傾向があると思います。現物を長期保有する選択肢や経験があるからでしょう。

でもFXトレーダーたちは、トレードに対する考え方が大きく異なります。EAを動かしてみて初回で1万円のマイナスが出たら、それだけでダメだと結論を出してスイッチを切ってしまう、といったところがあります。

だからFXでは、スキャルピング系のほうが人気があるんです。


――山田さんのEAで、ミラートレーダー「ストラテジーアワード2013」で最優秀賞、つまり世界一になったものは？

トレンドが出ることを前提としたスイング系なので、動きがないときには利益が出ません。しかし2013年以降、値動きが発生してからは、すごい勢いで損益曲線が右肩上がりになりました。

でも実際の問題として、「世界一」という言葉で期待した人が買って使い始めても、そこからの1年間全く利益が出ないことだってあり得ます。そうなったら、買ったお客さんは怒ります。期待して買うのは当たり前ですが、トレードのことやEAのことを誤解したまま、「金のなる木」だと考えないでほしいというのが僕の気持ちです。だからこそ、丁寧に説明もしているのですが、伝わりにくいのが現実です。

7. トレンドって何?

――山田さんが作るEAについて、詳しく聞かせてください。まず、基本的なポジション保有期間は?

短いと2~3日、長いと1週間以上、大ざっぱにまとめると「2、3日から10日」というところです。でも、値動きに応じて変化します。トレンドが発生したときは、ポジションをホールドして利を伸ばすために、保有期間は長めになります。

――特徴としては、先ほども話してもらったように「トレンドを取りにいく」わけですが、山田さんのEAならではの特徴ってなんでしょうか?

ヘンな言い方かもしれませんが、「アンチ・ブレイクアウト」と呼んでいます。レンジで動いていたものが上下どちらかにブレイクアウト（抜け、放れ）したら利幅が狙えるのですが、抜けてから乗るのではなく、抜ける前にレンジの中で仕掛けておきます。トレンドが出たときには乗っている、ということです。これが、最大の特徴ですね。

――そんなポジション操作を実現する仕掛けは……と、これは企業秘密ですよね？

まあ、そういうことになりますが、実はとてもシンプルな考え方を基にしていますよ。

――当たり前ですが、ブレイクしなかったら小さな損が出るわけですね？

そうです。ただし、完全なブレイクアウトだけを狙うわけではありませんから、そのときの損も限定的です。

実際の勝率は、４割程度です。10回仕掛けたら、６回は負けます。でも、勝ちパターンのときは負ける場合の２倍の利益が出ます。この差で「損小利大」を実現し、トータルでプラスにするという仕組みですね。

――そんな観点で、山田さんのＥＡを具体的に説明してもらえませんか？

ＦＸ、わかりやすくドル／円でいえば、２円幅は厳しいかもしれませんが、そうですね、２円50銭あればトレンドとして取ることが可能です。２円50銭幅の往来は、人によってはレンジ相場と呼びます。でも僕のＥＡは、例えば１００円ちょうどから１０２円50銭までの動きをトレンドとみなします。５円、10円という値幅は求めていないということです。

――わかりやすい説明ですね。日経平均でいうと？

１０００円幅の動きは必要ありません。２００～３００円幅の動きがあれば、僕のＥＡは機能します。完全にブレイクしてから乗る方法だと、本当の意味での大きなトレンドが出ない限り儲かりません。でも僕のＥＡは、小さめの波もトレンドとみなして取りにいく、厳しい条件がない、というのが特色だと思います。

一般的なブレイクアウト戦略だと往復ビンタになるような相場つきでも、僕のＥＡでは利益になるケースが多いはずです。そして完全にブレイクしたときには、それなりの含み益が発生しているという説明が可能ですね。また、その利を伸ばしていくように努めます。

――動きが小さいときに合う、例えば１００円幅の動きを想定してＥＡを組めば、それはスキャルピング系に近づいてしまうということですか？

その通りです。値動きが小さいときには、小幅な振幅に合わせたEAを持ち出さないと機能しません。でも、そういうEAを長期間、継続して使って結果が出るのかというと、絶対にちがいます。小さな利益を積み重ねたあとに1回の負けでスッテンテンという結末があり得るのです。

8．人間の弱さを補うのがEA

――目先の動きにとらわれすぎると、トレードの芯となるものを見失うと思います。

同感です。状況によって極端に値が動くのがマーケットですから、動きが小さいときに、それに合うEAを選ぶなんて、投資の本質から外れています。

それに、それをやるとしたら人間の手で実行すればいいんです。EAの役割はむしろ、人間が実行できない部分を代行したり、人間の弱さを補うことだと思います。

――というと？

トレンドが出たとき、例えば大きく上昇したときに逆張りでカラ売りし、明らかに強い動きに対して「まずいな」と感じながらも気持ちを切り替えられず、損を大きくすることがあります。

スキャルピング系ではなくトレンドを前提としたＥＡならば、こんな人間の弱さをカバーしてくれます。

暴落時も同じです。〇〇ショックなどと呼ばれる大きな下げ局面では、多くの人がサッとショートに転換することができない。だから、ほとんどの人が同じようにヤラレるんです。

こんなふうにみんなが損しているときに勝つのは、トレンドを狙う「トレンドフォロー」のシステムしかありません。かといって、毎年のようにショック安が起こるわけではありませんから、そこその上げ下げで利益が出るようにプログラムを組むのが現実です。

――とはいえ、それでも取れない時期が続くことはあるから、誤解されちゃう……。

やはり相手が相場ですから、「ＥＡ販売」という狭い範囲でも、人間のガマンの限界が相場の限界、という現象が起こります。

ＥＡを買ってくれた人が、「儲からない」と苦情をメールしてくることがあります。苦情をメールで送るということは、その人のガマンの限界に達しているということです。

そして、ほかの人も同じような気持ちになっている。だから僕が返事をしてやり取りしているうちに、相場つきが変わってきます。

３カ月くらいが人間のガマンの限界だということを、ひしひしと感じますね。

――EAの売れ行きと相場の転換点が一致することも?

当然ありますね。トレンドが出ているときは僕のEAの成績が上がりますから、「そのEAがほしい」という人が増加します。そして多数の人が決断してEAを買ったときは、目先のことですが、相場が終わりなんです。

こんなふうに目先の結果だけで手法を変える人は、相場が休憩に入る直前にEAを買って動かし始めることになるので、いきなり〝ガマンの3カ月〟に直面してしまうわけです。そして、「なんだこのシステムは!」とか、損切りのタイミングを取り上げて「決済が甘い」なんて一方的な文句を言ってきます。

それに対して僕が「トレンドが出たときに取れる」という前提を説明しても、すぐには伝わらず、ちょっとだけやり取りをしているうちに、相場が動き始めるんです。

――すると利益が出始め、その人は誤解に気づくわけですね。

いや、そういう人って、相場が動き始めたときにはスイッチを切っているから、儲からないんです(笑)。昔の証券会社の店頭でも同じ光景が見られたわけですが、EAに対する投資家の反応そのものが〝相場〟なんですよ。

EAについては、インターネット上の販売サイトでランキングを見ることができます。スキャルピング系のランキングや、スイング系でも短期間のランキングは別にして、3カ月くらいのランキングで上位に位置したものを買ったら、それが目先、好成績が終わるタイミングになりますね。

トレンドが予想外に長ければ、動かし始めていきなり勝ちが続きますが、負ける時期が必ず来るから同じことです。

――そんなことからEAそのものが誤解されてしまうわけですが、山田さんにとってEAは「人間の弱さを補う」ものなんですね。

はい、できないことをEAにやってもらうんです。まとめると、次の3つです。

(1) トレンドに乗る
(2) 感情的にならない
(3) 必要な損切りを実行する

たいていの人はすぐに感情的になってしまうし、「負けは恥ずかしいこと」という発想が強すぎるんです。ふだん勝っているトレーダーでも、例えば3人を同じデスクに並べてトレードさせたら、隣の人の目を気にして全員がマイナスになると思います。

僕はずっとトレードして経験していますから、負けることが恥ずかしいとは思いませんけど……。トレードにおける小さい負けなんて、単なる必要経費ですよね。

――EAというもの、また山田さんのEAの特徴を説明しても伝わらないということでしたが、どうしてなのでしょう？

聞いていないんでしょうね（笑）。基本的に。結果しか見ていない人が多いのです。もちろん、EAというものを理解して、タイプの異なるものを3本とか5本まとめて買う人もいます。でも大半の人がEAを理解せずに買って、目先の結果だけで苦情を言います。

そこで、オススメしたいのは、EAをひとつの金融商品とみなす方法です。

――オープンな床はお掃除ロボットに任せ、テレビの裏のホコリは人の手できれいにする、というやつですね。

「システムと裁量の融合」というのは、EAが「買い」という答えを出したのに、自分は「売り」と判断した場合、どう行動するのかということです。

「EAの判断は明らかに誤り」と断定できるケースはまれで、「どちらも実行」が正解、ということが多いのではないでしょうか。EAは売り、自分は裁量で買い――結果としてどちらも利益、というのが相場における現実です。

これを踏まえてのEA、あるいは裁量トレード、ということです。

ＥＡ開発の多くは無責任な単なる「販売」といっても過言ではないようだ。それはそれとして、山田氏のように、相場を理解していてプログラムも書けるという人は貴重であり、話をしていても実に楽しい。

さすがに中身までは話してもらえなかったが、彼のスイング系ＥＡは、林投資研究所の中源線建玉法と似ているように思う。もちろん数式としては完全に異なるロジックなのだろうが、「トレンドを取りにいくためにどう判断するのか」という根っこの部分は同じはずだ。

山田氏の多忙な状況が一段落したら、あらためて中源線について意見をもらうなど、私自身の勉強を手伝ってもらいたいと考えている。

裁量からシステムに移行したトレーダーには、人間の判断を完全に否定する人も多い。山田氏も人間の弱さが誤ったトレードにつながらないようにするためにＥＡを活用しているのだが、「融合」という言葉を使うことからもわかるように、すべてを〝デジタル〟で片づけようとはしていない。

つまり単純に、「儲かる数式があったら自動執行すればいい」と考えるのではなく、人間の存在や参加を肯定する姿勢だと私は解釈している。だから、ＥＡによる自動執行は私にとって未知の世界であるものの、彼と私の接点は多いと感じる。

照沼佳夫

独学でゼロから道を切り開いたシステムトレードのパイオニア

「気が小さいから順張りが基本なのです」

ものごとの99・9%は、先駆者のマネから始めるものだと思う。

誰も手がけたことがないものには、手本もなければ参考となるアイデアすら存在しないから、大きな期待がある半面、耐えがたい不安がつきまとう――成果を上げる可能性なんて最初からゼロかもしれない、すべての努力が完全なムダかもしれないからだ。

現在のマーケットには、システムトレードに関する多くの情報があり、インターネットを通じたサービスも豊富だが、パソコンという言葉さえなかった黎明《れいめい》期に単独で研究を続けた男がいた。

照沼佳夫氏は、1970年代にプログラミング技術を習得するところからスタートした、システムトレードのパイオニアともいえる人物である。

インタビューは2015年6月20日、林投資研究所のオフィスで行った。

1．学生時代に相場の道を目指した

――なぜトレードを始めたのですか？

理由は2つあります。まずは、私の性格です。協調性がないんです。教習所の「適性テスト」でも、ほかの項目がおおむね平均点なのに対し、協調性のところだけ大きく劣っているという結果が出るのです。

社会では、人とうまくつき合えない、組織の中で活動できないということです。車の運転のように自分を抑えられればいいのですが、仕事の世界ではストレスが大きすぎてしまう、自分らしさが消え去ってしまうと思ったのです。残る道は自営しかありませんでした。

でも、製品を作ったり販売するよりも、モノを介さない仕事が最も効率が良いと考えたのです。まだ若かったので単純だっただけかもしれませんが、こんな発想で候補に挙がったのが、金融、保険、投資（相場）でした。これが、2つめの理由です。

――それは、大学を卒業してから考えたのですか？

いいえ、学生のうちに結論を出していました。私は長男、父は学校の教師だったので、大学を出てフラフラしているわけにはいかない、体裁だけは整えなければ、という発想がありました。だから、まともな就職をあきらめた時点で、カタチを整える意味で商売を始めたのです。

——金融の仕事ですか？

商売で最初に手がけたのは金融ではなく、コインゲーム機のレンタルと販売でした。朝から晩まで携わることができない立場で実行できること、元手を稼ぐための仕事として思いついたのです。ドイツから輸入したコインゲームの機械を、日本の硬貨で使えるように改造し、それを喫茶店などに置いてもらうわけです。その延長で、ピンポンのゲーム機やカラオケマシンを作ったこともあります。自分で企画し、メーカーに依頼して作ってもらったんですよ。

カラオケは「8トラック」の時代でしたが、今をときめく「第一興商」とほぼ同時期のスタートで、20人くらいの従業員がいたこともありました。

——すごい行動力ですね。それに、先見の明があって、商売の才覚も抜きんでていたのではないでしょうか？

行動力はあったと思います。学生をしながら商売に遊びに……とにかく走り回っていましたよ。車の走行距離がタクシーよりも長いくらいでしたから。

当時は「外車」と呼ばれて高級だったキャデラックを買ったりして、凱旋気分で実家に帰った時はオヤジからえらくしかられましてね。田舎に住む教師の息子がド派手な外車で走り回るなんて、みっともない、恥ずかしいといった感覚だったわけです。

とにかく、良しあしは別にして行動力はありました。当時のことに悔いもありません。でも商売は……情熱をもって継続できませんでしたね。目のつけどころも悪くなかったと思いますが、やりながら「向いてないな……」と感じましたよ。

金融の仕事をするための資金づくり――そんな気持ちだったからでしょうか。

――実際のトレードは、どの時点でスタートしたのですか？

最初は、学生時代でした。株を現物で4、5銘柄を買ったのですが、大儲けした記憶もなければ大損した記憶もありません。とりあえずやってみた、というだけでした。

だから、本格的な相場の勉強を始める前に、卒業して数年が経過していました。その間、学生時代からの延長でゲーム機やカラオケマシンの企画・レンタルをやっていたのですが、次の段階で貸金業をやりました。それが、26歳の時です。

でも、長くは続きませんでした。規制によって貸出金利が抑えられるなど、小規模の貸金業を継続していくことが難しい状況になり、予定通りという感じでトレードに移ったのです。

ただし当時はコンピュータもなく、チャートは手描きするしかありませんでした。証券会社でも、株価を黒板にチョークで書いていた時代でしたからね。まともな相場の本もほとんどなく、林輝太郎先生と岡部寛之先生くらいしか、投資の専門的な書籍を書いていなかったと思うのです。

最近は、オトナが学生に向かって「キャリアデザインを考えなさい」などとアドバイスするが、いかに情報が豊富な現代でも、社会経験が乏しい段階で将来のことをリアルに想像するのは難しい。良いきっかけとして真剣に自分の人生を考え始める学生もいるだろうが、就職活動のために上滑りした口上を身につけるだけのケースが多いだろうと想像している。

しかし、時代や洋の東西を問わず、学生で起業したり真剣に将来設計をする人もいるので、自らの学生時代を振り返って反省するばかりだ。

照沼氏は学生時代からのビジネス展開を「体裁」などと表現したが、思い描いていた通りにシステムトレーダーとして活躍しているのだから、社会人になるための準備期間としての学生生活は万人の手本だ。そして突出した行動力——成功しないわけがないと評価されるはずだが、先人のいないシステムトレードの世界では、他人には想像できないほどの苦労があったようだ。

続いて、コンピュータを手に入れてからの研究活動について話を聞いた。

2. 下げ相場で退場

――どの時点でシステムトレードを研究し始めたのですか？

わりと早い段階でしたね。個人用のコンピュータは、1970年代に登場していましたから。私は子どものころから電気や機械が好きで、中学生の時は真空管を使った自作の無線機で友だちと交信していたくらいなので、コンピュータにも興味をもちました。

日本には現在のようなデスクトップ型のコンピュータがなかった時期に、アメリカのコモドール社から「ペット」※というブランドで発売されたパソコンを輸入したのです。

今のようにソフトが充実していないから、プログラムを自分で作るしかない……ベーシック（Basic）というプログラミング言語を独学で覚えましたよ。

※PET2001
米コモドール社が発売した、世界初のオールインワンパソコン。1977年から1982年まで販売された。

——でも当時は、コンピュータをビジネスの一部に使う程度で、値動き分析という用途は特殊だったから、教科書的な情報はなかったのではないでしょうか？

その通りです。株価データでさえ、今のように安価あるいは無料で手に入ることはなく、日本経済新聞社の過去20年間の株価データが20万円くらいしていた記憶があります。

それに、投資にまつわる分析は観点が多岐にわたるので、まさに暗中模索の状態でしたね。コンピュータの環境は貧弱、私の投資知識も乏しいものでしたから。でもコンピュータの言語は「0」と「1」だけで構成されているので、相場との相性がいいと思ったのです。

——というと？

相場というのは、「売り」か「買い」かです。常に〝どちらか〟をはっきりと選択する行為です。売り買いする数量についても、明確な数字を出す必要があります。「ちょっと買う」といった、あいまいさは許されません。

そういったものまでプログラムできないこともないでしょうが、基本的にはONかOFFのどちらかになる、少なくとも、「どうしようかなぁ……」なんて発想は相容れないわけです。

もちろん、「0」と「1」というのは内部的なことで、実際のソフトはいろいろな機能を備えて各種の分野で使われるわけですから、あくまでも私の感覚的なものかもしれませんが、あいまいさを排除するという姿勢は絶対に必要だと考えています。中間がない、二者択一ということです。

今は上げトレンドなのか下げトレンドなのか——そう考えるでしょ？　現実には保合もありますが、ポジションの取り方は明確に決めることになります。

——研究は、どのように進んだのでしょうか？

コンピュータによる分析を研究するかたわら、売買の実践も行いました。大学時代からの事業で収益が上がり、十分な資金を持っていましたから。でも、87年のブラックマンデーや、バブル崩壊による90年以降の下げで、全額が消えてしまったのです。

——厳しい状況ですね。どう考え、どう行動したのですか？

もう一度やろう、何とか建て直そうと考え、自分なりのトレード手法を確立するために、さらなる研究に没頭しました。

そう考えるエネルギーが残っている若さでしたが、すでに結婚して〝守るべきもの〟があったわけです。それでも、トレードに対する情熱だけは揺るぎませんでした。

それに、幸いなことに、商売の利益で買った不動産が残っていたので、それを売却して当座をしのぐことができました。

たのです。

3. すべての指標は役に立たない

――トレード資金を失った状態で、別の仕事をして生活費を稼いだのでしょうか？

いいえ、自ら退路を断ってトレードの研究に集中しました。売買だけで生計を立てる道を目指したのです。

――具体的には、どのように考えたのですか？

まずは、短期的な売買を考えました。長期投資は、生活費を稼ぐことには適していません。月単位での利益が期待できる、短期的なトレードである必要があったということです。

かといって、デイトレードのような超短期ではありません。実はデイトレードに挑戦したこともあるのですが、成績は良くありませんでした。

日本の市場にはデイトレードの環境がないと判断して米国のＳ＆Ｐ５００を手がけたのですが、通信回線がすぐに切れてしまうなどの問題があり、そんなストレスを抱えながら夜中に値動きを追うなんてムリだと思いましたね。そもそも、超短期の売買は性に合いません。

——現在は、FXや株価指数先物を夜遅くにトレードしている人がいるようですが……。

私の知り合いにも、「毎日10時間トレードしている」って人がいますよ。勤めているんですが、会議の席でも下を向いてスマホで値段を見たり注文を出したりするそうです。まあ、ちょっと極端な例ですけど、そんなふうに絶え間なくやっていたら、うまくいくわけがないと思います。

——話を戻します。照沼さんが実践しようとしたのは当然、テクニカル的なアプローチですよね？

売り買いが短期になればなるほど、必然的にファンダメンタルの要素は薄れていきます。デイトレードでは、ファンダメンタルの要素をほぼ無視しているように。

それに、ファンダメンタル分析はあまりにも要素が多岐にわたり、専門的な知識も求められます。テクニカル分析は、その逆です。だから、私がイメージしていたやり方と、生計を立てるための短期的な売買に必要なものが一致したのです。

テクニカル分析の要素は、「株価」「出来高」「信用残」くらいのものでしょうから。

——分析は「株価」がメインだと思います。「信用残」の有効性なんてあるのでしょうか？

信用取引は需給の一部にすぎない、という反論ですよね。たしかにそうなんですが、市場全体のすう勢を見る際は有効です。

個別銘柄の予測にはつながりませんが、市場全体の「貸借倍率」や「評価損益率」は納得できる値を示すことが多いのです。

例えば、通常は評価損になっていて、たまに評価益の状態になったら天井とか、株全体が大きく売られたときは最後のパニック的な場面でカラ売りが極端に膨らみます。だから、研究の段階では取り上げていたのです。

――なるほど。では、実際の研究内容と成果は？

自分の目標のため、何の仕事もせずにテクニカル分析のシミュレーションを行いました。3年間、来る日も来る日もパソコンと向き合い、過去20年間の株価データを基に、公開されているテクニカル指標のほとんどを検証したんです。自分の生活、自分の人生がかかっているので必死でした。

ところが……どのテクニカル指標も、長期にわたって運用すると必ずマイナスになるという結果だったんです。一時的に利益を上げることができるだけ、という全く期待外れの結論しか出なかったわけですよ。複数の指標を組み合わせても、その結論は変わりませんでした。

――指標を持ち出して相場を語るのは、〝トレードしないプロ〟ですよね。でも、どうして全部ダメなんでしょう？

いろいろな理由があるでしょう。もともと「利益を上げる」「実際にポジションを取る」狙いでつくられたはずなのに、その後は情報が独り歩きしてしまっているということが、ひとつ挙げられるでしょうね。

多くの人は勉強しないで相場を張るから、いつだって不安な状態なんです。だから、頼れるもの、拠り所となるものが欲しいんですよ。そういう相場の世界で、断片化された予測に関する情報が、伝達されながらカタチを変えていくという図式があるのかもしれません。

――たしかに、断片的かつ一貫性がない情報が多いですね。

多くの情報が、「ここで買い」みたいに〝単発の仕掛け〟だけで完結してしまっていますよね。例えば、「日経平均が７０００円のときに買え。過去20年間外れたことがない」なんて情報は、誤りではないのに価値がありません。

買ったものは売る、カラ売りしたら買い戻すのですから、反対売買のタイミングまではっきりと示されていなければなりません。また、その個々のトレードを連続して行うという現実に沿ったシミュレーションでないと全く意味がありませんよね。

そういった要素を無視しているから、数値を調整して「当たった」ように見せかけるだけの情報が生まれ、漠然と不安を抱える投資家がそれを信じてしまうのでしょう。

――存在するテクニカル指標はすべてダメだとわかったあと、持ち前の行動力で、すぐさま次の道に進んだのでしょうか？

いいえ、その時は異常なほど落ち込みました。「この研究の先にトレードで生計を立てる方策がある」と夢中になっていたのですから、その道を絶たれたと感じて大いに落胆しましたよ。

悪く取れば、「世の中に出ているものはすべて使えない、役に立たないから世に出ている」ともいえます。そんなものに期待してはいけないのですが、そのころの私は大いに期待するひとりだったわけですね。

将来が見えなくなって自暴自棄になり、うつ状態に陥りました。ストレスが極限に達するというのは、想像以上にひどいものです。耳鳴りがするし目はかすむし、吐き気を催すこともありました。

街に出ると、「オレがこんなに苦しんでいるのに、どうしてみんなは楽しそうに歩いているんだろう？」と、意味もなく他人を恨む気持ちがわき上がってくるんです。

私は、「きっと、こんな状況で自殺する人がいるんだろう」と考えました。

――自殺する人の状態を想像するレベルでギリギリ踏みとどまっていたということですか？

いいえ。自殺してしまう人と、ほぼ同じだったのではないでしょうか。極端に苦しい立場に追い込まれたって、一定の理性はありますから。

でも、ふとした瞬間にパッと飛び降りてしまうとか、そういうものらしいですよ。

——今の穏やかな表情を見ると、目をそらさずに質問できますが、打開するために何をしたのかを聞かせてください。

よくいう「自分探し」というやつですね。２年ほど完全に相場から離れ、毎日のように書店に行っては本を物色しました。

自発的にアイデアが出せない状態だったので、外に情報を求めたわけです。できる限り視野を広くしようと、あらゆるジャンルの本を、それこそ片っ端から読んだのです。芸術系には弱いので、どちらかというと科学系の読み物に偏ったのは事実ですが……。「宇宙」とかね。

そして最後にたどり着いたのは、心理学でした。あらゆる心理学の本を読み、それがトレードに大いに役立ちましたね。

——どんな気づきがあったのですか？

大きなポイントは、トレードで抱える「ストレス」です。継続的なストレスには勝てないから、ストレスを生まない方法が不可欠だというのが、大きな発見でした。

照沼氏は自分のことを、「相場に向いていない」と言い切る。そういえば、以前にインタビューした柳谷雅之氏（単行本『億を稼ぐトレーダーたち』では、仮名「柳葉輝」）も同じような考えで、冷静な分析から導き出されるトレードシステムのかたちを求めて成功を収めた。

対する私は、「感覚」を用いて「相場を張る」ことに傾倒していると思う。何もかもが非合理的では〝損する側〟になってしまうが、とことん合理的でなくてもいいという考え方だ。

だから、コテコテのシステムトレードには強い興味をもてない半面、実践家の泥くさい発想を単純な数式にした「中源線建玉法」は面白いと思うし、裁量派とシステム派――「感覚派と数式派」ともいえそうだ――の中間を漂っているような気もする。

とにかく、自分の心の底にもっているものに、素直に従うのが正しいのではないか。私も照沼氏も最後にやることは売りか買いで全く同じだし、相場談義をしていれば同意見のことばかりだが、ポジションの取り方を決する仕組みは根本から異なっている。だから、このようなインタビューが楽しいし、自分の強みや弱みを再認識するためにも有益だと感じる。

さて照沼氏は、コメントにもあった通り、あいまいさを嫌い、コンピュータのように「0」か「1」かと割り切る姿勢を重視していると私は感じる。そして生き方も、その思想に素直に従っているように思う。研究だけの日々を何年間も続けたり、スッテンテンになっても進む道を変えないなど、単なる意地っ張りではなく、信じる道を貫いて成果を上げたのだ。

「相場に向いていない」という本人の評価も少しは納得できるものの、見る角度をわずかに変えれば、「とことん相場に向いている」という答えになるのではないだろうか。

4．気が小さいから順張りなんです

――苦労の末にたどり着いた現在の手法を聞かせてください。

最も重要なのは、トレード資金を枯渇させないことです。私は若い時にやってしまったわけですが（笑）。いわゆる「勝負」をしないということです。勝つときは大きいけど負けたらゼロなんて一発勝負は御法度、投資はギャンブルではありません。

利益を安定させるには、元金が減ってはいけません。元金を大きく減らさないためには、リスクを小さくすることです。リスクを小さくすると、必然的にリターンも少なくなりますが、私はそれでよいと考えます。その分、分母となる「トレード資金」を大きくすればいいからです。

その大きな資金でつくったポジションに〝保険〟をかけることでリスクを軽減し、同時にストレスを小さくするのが、私のやり方です。

――買いに対して売りヘッジを建てる、といったことですか？

最初はそう考えて、売り買いのポジションを同数にする「サヤ取り」を実践しました。でも、大きく上がったときの売り玉の損失、派手に下がったときの買い玉の損失に納得がいかず、売りと買いのバランスを変化させていく手法に移行したのです。

この考え方を、システムによって精緻に実践します。例えば、１００銘柄を対象にして個々の動きを自分なりのロジック（判断ルール）で判定し、相場が強いときならば売り20銘柄に対して買い80銘柄といったポジション、弱いときには売り75銘柄に対して買い25銘柄、という具合です。「よし、これだ！」と意気込んで仕掛けていくようなイメージはゼロで、相場の波に淡々とついていくようなやり方ですね。

――先日、拝見した先物のシステムも、同じように緻密なポジションの取り方でしたね？

株価指数の先物をトレードする場合に、指数そのものの動きを見るのではなく、その指数を構成する個別銘柄すべての動きをチェックする必要がある、というのが私の考え方です。

ロジックそのものは単純でいいのですが、ポジション操作を丁寧にすることが重要だと考えています。

――すると、ポジションが0～100の間で非常に細かく動くということですね。

どちらかがゼロになることはありませんが、売り買いの一方が90を超えるケースはあります。例えばリーマンショックの時は売りが極端に多くなり、結果として大きく取ることができました。

多くの人は、「損切り」とか「利食い」という観点を意識しすぎるのかもしれませんね。「値動きに応じたポジション操作があるだけ」という考え方でいいのではないでしょうか。

でも私のシステムは順張りなので、保合の相場に弱いのが欠点です。

――常に順張りですか？

はい、そうです。手仕舞いとドテンを前提にシステムで臨むと、必然的に順張りになると考えています。少なくとも、「安く買って高く売る」は大きな誤りですよ。

――それには同意します。売り値が買い値よりも高くなければ利益になりませんが、「安く買って高く売る」では正しいポジションの取り方に結びつかないと思います。強い銘柄を、高くてもいいから買い、さらに高値で売る、ということですよね？

それでは、まだ〝弱い〟と思いますね。高く買って、さらに高値で買い乗せるんですよ。

価格の推移とポジションの増加を、単純な図式で考えてみましょう。

「100円ごとに買い下がる」ルールだと、下がっていく中でポジションが膨らんでいき、どの時点でも評価損です。しかし「100円ごとに買い上がる」ルールならば、上がっていく相場に対してポジションを増やしながらも、評価益の状態が維持されます。

私は、こういう考え方を基礎にして、現実の安全性を盛り込んだポジションの取り方を規定しているのです。狙い所にもよるのかもしれませんが、株の場合はこの考え方で正しいと思っています。

評価損は多大なストレスを生みますが、評価益はハッピーな気分にしてくれますしね。

――なるほど、とても納得できますね。予測の的中率に限界がある以上、メンタル面は非常に重要です。

私が「相場に向いていない」と感じるのは、感情をコントロールする能力が足りないという意味です。トレードのキモは、先見の明や分析力ではないし、情報収集力でもありません。ちまたの使いものにならないような指標は論外として、テクニカル分析においても、自分の感情をどうコントロールするかがカギになります。

「トレードは、歓喜と絶望とストレス」という説明がありますが、全くその通りだと思いますね。

――システムは、ストレスを軽減してくれますか？

もちろんです。ストレスの問題を解消できず、トレードをやめようと何度も考えたのですが、「これしかない」という気持ちで続けながら、パソコンを使ってトレードシステムを確立することがストレスの軽減になると気づいたのです。

――ストレスはマイナスの感情です。では、プラスの感情についてはどう考えていますか？

トレードに感情は不要だと思います。さきほど「ハッピー」という言葉を使いましたが、ストレスがない、ストレスが生まれそうもない状態で、平常心でトレードすることを目指しています。システムで売買しても損益の波はあります。儲かったときにウハウハ気分で舞い上がってしまったらダメですが、経験が長いからその心配はありません。

しかし、ストレスというのは恐ろしいものです。個人投資家は、この点をもっと考えるべきです。なにがしかの金銭を得るためにストレスを抱えざるを得ないわけですが、ストレスと利益のバランスというものにも目を向けるべきではないかと思うのです。過度なストレスは、金銭的な損失どころではなく、人間の精神と肉体を破壊する可能性もあるのですから。

だから私の手法は、「気が小さい」「ネガティブ思考」を前提に組み立てているのです。理解してくれない人もいますが、その答えが「順張りのシステムトレード」というわけです。

5. 不安はあっても迷いはない

――トレーダーとしてのゴールは何ですか?

う〜ん、あまり考えていませんね。あるとすれば、資金がなくなったときかもしれません(笑)。トレード専業といっても、それは人生の一部です。生活の糧であり、ひとつの手段です。それよりも、人とかかわる事業に力を注ぎ、トレードの利益をつぎ込みたいたいと考えています。これが、私のゴールですね。

ふだんから、いわゆるムダづかいをするんですよ。でも、カネはつかうことで意味があるものになると思うのです。稼ぐ快感、つかう快感の両方を楽しみたいですね。

――そのためには、トレードでさらなる利益が必要ですね(笑)。

今後も順調にトレードしたとして、20億円の資金を動かすくらいが限界でしょう。これが、いわばトレーダーとしてのゴールかもしれませんが、なにか人とかかわる事業、具体的にはナイショですが(笑)、奉仕事業や人を育てる事業を立ち上げてみたいのです。

残念ながら若いころ、目指すトレードを教えてくれる人がいなかったので、ずいぶんと遠回りをしましたが、事業の構想そのものは、ずっと以前から頭の中にあったことです。

――そのゴールに向かって進むにあたり、自信満々というところでしょうか?

いやいや、相場の世界では何が起こるかわかりません。スイスフランがあっという間に4割も上昇したことがあるように、金融マーケットの先なんて本当にわからないものです。だから、成果に対する不安はあります。常に〝崖っぷち〟を歩いているようなものだと認識しています。

ただし、現在行っている手法について迷いは一切ありません。実際にトレードする前には、とことんシミュレーションを行います。さらに、実践して気づいた問題点を改善していきます。

ちまたの分析指標は、残念ながら成果に直結しませんでしたが、「あなたの行く道はそちらではありませんよ」と教えてくれた気がします。システムを自分で開発することに集中できたのが、実は大きな成果だったんですよね。

――トレードシステムで大切なことは、何だと考えていますか?

難しい質問ですね……。やはり私にとっては「ストレスを減らすツール」、つまり弱い部分を補う道具、ということですかね。

――弱い部分を補うとしても、その弱い部分をもつ人自身の発想を数式化する結果、穴ができてしまう心配はないのでしょうか？

そのために、理論を整理し、現実を考えたシミュレーションを行い、実際の売買を通じて試行錯誤する……こういう作業をひたすら継続することが必要なのだと思います。

システムトレードは、感覚による裁量トレードと分けて語られますが、裁量の〝究極〟がシステムなのかもしれませんね。

――「迷いはない」とのことですが、新しいアイデアを試したり、現在のシステムを見直す作業にも熱心ですよね。

私は寄付で売買するだけなので、ふだんの作業は5分もあれば終わってしまいます。自動発注にすれば、その5分も不要ですが、万が一のミスを考えてチェックする、相場に参加している実感や楽しみを味わう意味で、あえて発注だけは手作業として残しているのです。

とにかく、時間的な自由はあるので、投資家の会合などには喜んで出かけていきます。若い人の話を無視することなどなく、積極的に耳を傾けます。「もっと良い方法はないか」「気づいていないことがあるのではないか」と常に考え、会話の中に何かヒントがないだろうかと前向きです。

——人とかかわることには積極的ですよね。

「人とのかかわりの中で生きていく」のが人間だと、私は考えています。人とのかかわりがないと、自分だけの考えに傾きます。そして必ず、〝曲がった方向〟に行きます。でも、人と人のかかわりの中では、ちょっと間違った考え方も矯正され、正しい方向に向かうはずです。

個人投資家は孤独です。パソコンの前に座ってマウスでクリックするだけ、独りでもんもんと考えるなんて、実に良くないことですよ。

だから私は、投資家の集まりでも、それ以外の集まりでも、せっせと足を運んで社会とのつながりを保つようにしているのです。このインタビューを読む人にも、ぜひ実行してもらいたいですね。

——それが、「人とかかわる事業」につながるのですね。ちなみに、その事業を次の世代に渡す計画ですか？

いやいや、完全な自己完結型で考えていますよ。身近にいる次世代の人が、私がつくったものに合うかどうかなんてわかりませんから、適性のない人に押しつける可能性を残したくないのです。

トレードの手法だって、そうでしょ？

——手法の優劣でなく、性に合うかどうか、好みかどうかが大きな要素ですね。

自分に合う手法を選ぶことが大切だと思うんです。自分に合わない手法は続けられません。合う手法に集中し、とことん掘り下げて研究することですよ。

例えば、この世界の両雄とされるウォーレン・バフェットとジョージ・ソロスを比べても、手法は大きく異なります。自分に合うものを見つけて極めようと努力すれば、「自分流」の手法を構築することが可能なはずです。

――目先の結果でブレてしまうことがありますね。

どんな手法でも、取れないときはあるものです。それなのに「この手法が悪いのでは……」と考えて、ほかの手法を試してみたりするケースが多いと思います。

結局はすべてうまくいかず、元の手法に戻ってくるんですよね。多少のストレスはありますが、時にはガマンすることだって必要でしょう。

私はストレス軽減に努めていますが、同じストレスでも2種類あると考えています。ひとつは、私も経験したような、暗中模索の末に「道が絶たれた」というときのストレスです。そういう重圧は耐えがたいもので、避けるようにするべきです。

でも、自分に合う手法を見つけ、それを研究する中で「チクショー！」と頑張るときのストレスは、前進するエネルギーのようなものです。逃げを考える必要はないでしょう。

照沼氏は、最初から純粋な個人トレーダーとして研究を重ねてきたうえに、トレードシステム構築のために理論立てて考えてきた経験があるから、借り物ではない言葉を発する、重みのある言葉で話す、というのが私の印象だ。

やさしく穏やかな表情の中心にある2つの目には、嫌みのない輝きがある。比較するのも失礼だが、中途半端に金融の現場を経験した者たちの警戒心あふれる目つきとは全く違う。

このように立場や経験の異なる実践家との相場談義は、自分のことを再認識する最高の機会である。そして照沼氏は、これからも長くおつき合いしたいと心の底から思える、魅力的な人物だ。

秋山知哉

静寂な山あいに居を構える独立トレーダー

「〝絶対に勝つ〟人たちの都合を考えるのです」

言葉というのは、具体的な使い方や、ちょっとした認識のちがいで意味が大きく異なる。「相場」「トレード」「投資」……それぞれが同じことを指している場合もあれば、全く別の意味になることすらある。同じ値動きを追いながら、同じく利益を求めてポジションを取るのがトレードだが、人それぞれの観点や価値観によって判断のポイントは異なるし、同じことのはずなのに説明が真逆になっても何ら不思議はない。

秋山知哉氏は、私よりも11歳若い1974年生まれ。早い段階から通信による取引を実践した人物だが、閉鎖的な市場で〝価格を決める〟ひと握りの参加者に目を向け、独特の基準で売り買いの判断を行っている。インタビューは2015年8月29日、秋山氏が懇意にしている山奥のフレンチレストランで行った。

1. 予備校で覚醒した

――秋山さんは、何をきっかけにトレードを始めたのですか？

最初のきっかけは1980年代の後半、私が中学生の時にテレビで見た、ヘッジファンド・トレーダーの姿です。大都会のビルで周囲を見下ろすような高層階にしゃれたオフィスがあり、たった3人で、世界の市場で大きな資金を動かしているという設定でした。

「ヘッジファンド」という言葉が、日本でようやく使われ始めた時代だったはずです。私は社会の知識も不十分な年齢だったわけですが、「こんな仕事があるのか。カッコイイ」と無条件に感じたのです。

――すると、10代のころからトレードを勉強したのでしょうか？

いいえ、テレビで見た光景は記憶の奥底に残っただけで、ふだんの思考からは外れていましたね。将来の仕事としては、医者になりたいと考えていました。ドラマに出てくるような病気を治す医者に憧れたのではなく、バイオテクノロジーの分野で細胞の研究をしたかったのです。

——特別な理由がありそうですね。

私は、人間の行動を「時間の制限」という観点で考えています。いささかご大層な視点ですが、世界を見わたすと争いが絶えません。その根底にあるのが、時間の問題ではないかと思ったのです。誰でも時間に制限があり、平等ではないことが前提ですから、その中で「オレがオレが」といった競争が起こるのは当然で、それが殺し合いにまで発展すると考えることができます。

そういった問題に対処するために、例えば宗教も一定の役割を担っているのでしょうが、物理的な時間の制約を取り除かない限り、根本的な問題解決にはならないだろう、もし死なない細胞を生命個体の中で自由にコントロールできたら大きな発展があるはずだ、と考えたわけですよ。寿命を決められることで、また新たな問題が生まれるのでしょうが……。

——それは、一朝一夕に成就することではありませんよね？

食糧問題が１００年以内に解決したとしても、寿命のコントロールは、仮に実現できたとしても、さらに先のことでしょう。でも技術で可能性を広げたい、そういった研究の初期段階に携わりたいという気持ちが生まれたのです。

——壮大な発想ですね。驚きました。でも、なぜ現在はトレーダーなのでしょうか？

そこには、いろいろな事情があったのです（笑）。

いや、真剣な気持ちで研究医という職業を目指し、受験をしました。でも現役合格はかなわず、翌年の合格を目指して全寮制の医学部予備校に入校したのです。

寮生活の中で、私は真面目に勉強しながら、予備校の先生に自分の夢、死なない細胞のコントロールについて語ったのです。そうしたら、その先生がこう言ったんですよ。「そんな研究は、経済的に考えると、目先の利益につながらない。だから、研究の資金を出してくれる企業も教育機関もない。実現のためには、知識のある専門家を志すよりも〝カネ〟の世界へ進むべきだ」と。

寮生活では、経済学の先生との雑談で、ヘッジファンドの話題になったことがありました。その時私は、テレビで「カッコイイ」と思ったトレーダーの姿を鮮明に思い出したんです。

――覚醒というか、化学反応というか、ハッとしたわけですね。

そうなんですよ。もう11月で、受験の追い込みが始まっていたのですが、私は「医学部やめた！」と方向を変えてしまいました。医者になって頑張っても、好きな研究を手がけるほど稼ぐのは難しい……なんて、シュールな計算までしちゃいましたよ。

今にして思えば、先生の話しぶりや表情は、「キミの頭では、医者になれても研究医にはなれないよ」と言わんばかりでしたね。なんとなくニヤニヤしていましたから（笑）。

予備校生活は予定通り最後まで続けたのですが、入学試験を受けもせず、トレーダーを目指す生活がスタートしたのです。当然ですが、親は納得せず、私はずいぶんと文句を言われましたね。

秋山氏の方向転換は、理由を聞けば納得するものの、なかなかドラマチックだ。子を心配する親が、文句を言っただけですませてくれてよかったなどと、他人事ながら思ってしまう。

今までの数々のインタビューを振り返ると、かなりの高確率で、いわゆる「枠」からはみ出したような面白いエピソードを聞かせてもらうことになる。だから、リラックスした状態で話を聞き、メモ書きと録音データをチェックしながら淡々と文章にするだけで、私自身が読み返しても面白い読み物になってしまうのだ。

周囲の意見など気にしない独特の発想と、それを実際に試してみる行動力などが、トレーダーに大切な資質なのかもしれない。先人が語った「相場で勝つには、まずは変人たれ」というおかしな教えは、ズバリ的を射ているのかもしれない。

秋山氏も、私の控えめな期待を大きく上回る身の上話をしてくれたので、コーヒーを片手に序盤から盛り上がった。親の反対を押し切って医学部へ進む道を絶った彼は、いよいよトレードの世界に進んでいくことになる。

2. 千数百万円が消えた

――トレードは、どんなタイミングで始めたのですか？

とりあえずは日々やることがなかったので、ゆっくりと考えていたところ、偶然にも商品先物会社から勧誘の電話があったんです。「トウモロコシを買いませんか？」って。

電話帳に載っていた父親の名前を見て電話してきたのですが、たまたま出た私は、「これは、あの世界じゃないか」と気づき、チャンスとばかりに次のように言いました。

「私じゃダメでしょうか？　年齢は20歳です」

――最初の資金は、いくらでしたか？

子どものころから、あまりおカネを使わず、小遣いやお年玉のほとんどを貯めていたので、その時点で200万円の貯金がありました。それを全額、商品先物に向けました。

私は、初の取引に向けて気持ちをつくりたいと考え、現金で引き出して、東京の商品会社まで片道2時間半かけて出かけました。気持ちが高ぶっていただけかもしれませんが……。

――成績は、どうでしたか？

初回は利益になりました。でも、2回目以降は全く振るわず、しばらくすると累計のマイナスが100万円、つまり資金の半分が消えていましたよ。

多くの人が言うのですが、初回の取引では勝てるのに2回目からはダメ……どういうカラクリなんでしょうね（笑）。

――どう考えて、どう行動しましたか？

成績が悪かったこともあるのですが、電話で注文を出す自分の姿が、中学生の時にテレビで見たトレーダーたちと違うと思ったんです。彼らは、クールにパソコンを使っていましたから。

そこで、パソコンで取引できる商品会社に口座を移しました。

今ではインターネットが当たり前のインフラですが、当時は電話回線を使ったダイヤルアップ接続しか方法がなく、パソコンで通信すること自体が特別な行為だったので、「ホームトレード」などという名前がついていましたね。

――どんな手法を用いたのでしょうか？

各種のインジケータ、つまりテクニカル指標が解説されているチャート分析の本を買ってきて、その本に載っているものを、ひとつずつ試していったわけです。

ほかにも、取組などのデータをチェックするなど、かなり多くの情報を分析していました。日足のチャートは1日1本しか増えませんが、それを毎日印刷していました。チェックするインジケータが多くて1枚には収まりきらないので、毎日3枚のチャートをプリントアウトするんです。それぞれ、チャートに重ねたインジケータの組み合わせがちがうわけですよ。そして裏面には、取引高、取組高、商品会社の自己玉のデータをプリントし、裏表を交互に見ながら研究しました。

ところが、全くうまくいかないので、さらなる研究のために別の本を見つけてきたのです。

――どんな本だったのでしょうか？

結果が出ないのは自分の理解が足りないからだと考え、インジケータを詳しく解説している本を参考にしたのです。最初の本は簡単なことしか書かれていなかったのですが、2冊目の本には、各種インジケータの計算式にとどまらず、計算式の意味まで解説してあったのです。

それを熟読しながら、また研究と実践をコツコツ進める日々が続きました。

――どんな発見がありましたか？

実は、あるインジケータがうまく機能して、100万円が千数百万円にまで膨らんだんですよ。

でも、一時的に当たりが続いただけのことで、そのうち再び大きく減ってしまいました。何も考えずに証拠金いっぱいのトレードをしていたので、資金の増減はものすごいスピードでした。最後は建玉がメチャクチャな状態になり、どうにか切って片づけたら、残ったのがたったの4万円でした。幸い、実家で生活していたので、ひもじい思いはしませんでしたが、結論は、どのインジケータも何の役にも立たないということでした（笑）。張り方が悪かったのは事実ですが、安易に利用して儲かる指標なんてあるわけがない、という当たり前のことをからだで悟ったのです。

――照沼さん（前項参照）と同じような経験ですね。

いやあ、全くその通りですね。

――危なっかしい、いや実際に危ない建て方だったとはいえ、100万円が1000万円超まで増えた段階では、世の中が全く別の色に見えたのではないでしょうか？

本当に、そういう気持ちでしたよ。「これだ！」という感じで浮かれましたね。増えていく途中、銘柄は覚えていないのですが、20数枚の建玉で、300万円超の利食いを経験しました。それが、1回で100万円以上の利益を上げた記念すべきトレードだったのです。

そこで、お祝いにフランス料理を食べに行きました。

――格別な場だったでしょうね。どなたを誘ったのですか？

いや、ひとりで行ったんですよ（笑）。

――ひとりフレンチですか？（笑）

偶然にも、複数のインジケータがうまく機能して連勝しただけだったわけですが、その時の私は「これが相場師としてのスタートだ」という気持ちで、単独の研究が実を結んだ、自分独りで勝てた、自分の力で人生の方向を変えた、独りで勝利をかみしめよう――こんな企画だったわけですよ。

――レストランの人に事情を話して、ワインでも選んでもらったのでしょうか？

それが、私がいい気分でお祝いだということを伝えようとしたのに、引かれてしまったんです。

私が大好きなホテルオークラのフレンチなんですが、何度か行って私の顔を覚えてくれたソムリエに、こう言ったんです。

「実は自分で仕事を始めて、今回は1回の取引で〝サンビャク〟の利益が出たので、記念というかお祝いで来たんですよ」

するとソムリエが、返答に困って妙な表情になったのです。モロに金額を口にするのはスマートじゃないと思って「サンビャク」と言ったのですが、今よりも景気が良い時代で、稼ぎの多い人がたくさん来る場所でしたから、300万円くらいでお祝いなんて言うのだろうか、「サンビャク」だから3000万円ではないみたいだ、でも300億円とは思えない……こんなふうに混乱したのでしょうね。彼は、「300……億? ですか?」と必死に言葉を探しながら、しどろもどろで。

仕方がなく私は「300万円です」と説明したのですが、全く盛り上がらずにギクシャクしたまま、別の話題に移ってしまいました。ちょっと恥ずかしい記憶です。

ちなみに、そのソムリエはオークラを退社して、今は虎ノ門でバーを営んでいます。いつかまた、「サンビャク」と言いたいですね。300億円と言える日が来たら……ですが。

独りでお祝いフレンチなんて風変わりなようだが、人づきあいが嫌いとか極端に苦手ということでもない。静かな場所を好み、群馬県の山あいに住んでいるが、投資家の交流会や講演会などにも積極的に参加している。

理由を聞くと、「わずかなことでも、ヒントが得られればと思うから」という。トレードに関して、見習わねばと感じさせる貪欲さがあり、行動力も伴っていると思う。

続いて、資金が4万円にまで減ったあとの復活劇について聞かせてもらった。

3．勝つことを前提にする

——残額4万円で、何を考えましたか？

いや、4万円未満でゴム指数を1枚建てられましたから、実践を続けましたよ（笑）。でも、限られた銘柄で1枚建てるだけの証拠金しか残っていない状態でしたから、少し休んでじっくりと考えました。

そんな折、車を運転しながら、ふとした気づきがあったのです。それまで見ていたチャートは先限（さきぎり）ツナギ足※でしたが、限月ごとの足を見たらどうだろうと思い立ち、すぐに試してみました。すると、実に素直な値動きが見えたのです。チャートの姿が、全く違うんですよ。各種のインジケータのように、難しく加工した数値を利用しなくても、いわゆる支持線や抵抗線が見えると感じたのです。教科書に書いてある基本的なことが、チャートに表現されている、と。

それ以来、単純な日足をシンプルな方法で観察することに徹しています。

※先限ツナギ足（さきぎりつなぎあし）
限月制の商品相場では、時間の経過とともに次第に期限が近づくと、最後は期近（きぢか）に回って納会となる。そのため、現物株のようにチャートに連続性を持たせる目的で、最も商い（取引）の多い期先（先限）をつないでいく方法が標準的に使われている。

んです。

――チャートの見方をガラッと変えて、成績はどうなりましたか？

ゴム指数で、非常にうまくいきました。

今考えると恐ろしいのですが、納会まで日数がなく値動きも荒い期近を対象に、ピン（1枚）の注文を繰り返し、利益を証拠金として枚数を増やしながらトレードし続けました。

でも連勝に次ぐ連勝でしたから、わりと短い期間で500万円くらいまで殖やすことに成功したんです。

――満玉張っていたとはいえ、素晴らしい成績ですね。でも現在は、FXがメインですよね？

はい、移行しました。商品先物の参加者が減って、やりにくくなったからです。期近の動きが不自然になりましたし、閉鎖的な場で明らかに〝狙われている〟と感じるような現象もありましたね。

それでも、ゴム指数以外にいくつかの銘柄で同じトレードを繰り返し、商品先物の世界で資金を約3000万円に膨らませることができたのです。

――商品先物の終盤も相変わらず、大きくレバレッジを効かせた状態でしたか？

特に考えずに、大きいサイズでやっていました。文字通りの目いっぱいではありませんでしたが、「資金管理」といった発想がなかったんですね。

今は理論的な本も増え、資金管理とかリスク管理といった単語が広く知られていますが、当時、そんなことを書いている本は皆無でしたから。

しかし、今でも「資金管理」という発想は好みませんし、自分では考えていないつもりです。

——どういうことでしょうか？

資金管理というのは、トレードで負けることが前提じゃないですか。負けトレードでこれだけ減る、だからトレードサイズを抑えておこうと、負けを認めたうえでの行動になってしまいます。

もちろん適正なトレードサイズというのはありますが、資金管理という言葉からアプローチすると、勝つための行動が取れない、勝つトレーダーの気持ちをつくることができない——そんなふうに考えるわけです。

「すべて勝つ」なんて非現実的ですが、勝つことを前提に行動する姿勢は大切だと思いますし、だから勝率を高めることに努めています。

——高い勝率を維持するためには、どうするのですか？

途中から入らない、ということに徹していますね。

例えば、買って思惑通りに上がって利食いしたあと、「まだ上がある」と感じたとしても、もう一度買いから入ることは避けます。あまり深追いせずに降りて、次はトレンドの反転を狙う売り、ということです。

――「二度の思惑すべからず」ですね。

商品相場で何度も痛い目に遭ったので、引き際の見極めには注意しています。明確な根拠は必要ですが、言葉で表現すると、「比較的あっさり逃げてしまう」ということです。

4. きれいなチャート

――商品先物から撤退して、すぐにＦＸに移行したのですか？

東京金融先物取引所の「通貨先物」※に飛びついたのですが、「1ドルが何円か」ではなく逆で、小数点以下の数字が並ぶから、感覚的につかみにくかったんです。値動きにも違和感があり、チャートを見ても私にはピンときませんでした。

そこで、すぐに株に移行したのです。

※通貨先物

東京金融先物取引所（現・東京金融取引所）で取引されていたが取引が少なく、2005年10月に上場廃止となった。それと同時に取引所は、「くりっく365」という取引所形態の外国為替証拠金取引（FX）を上場させた。

——商品から株に移行したということは、銘柄の絞り込みで苦労したのではありませんか？

実は、そうでもなかったんです。私は値動きを見ながら、大型株に限定しました。商品先物の世界では、カンタンに10倍になったり10分の1になったりしませんから、ドラスティックな値動きの銘柄は最初から対象外でしたね。

結局は、メガバンクを中心に個別銘柄のトレードをしていたのですが、大儲けはできず、なんとかプラスというレベルでしたね。

ちなみに現在、日経225先物も手がけますが、大部分がFXです。

——通貨先物、個別株、FXと移り、現在は日経225先物も少し、ということですが、手法としては、商品相場時代の終わりに仕上げたやり方ですか？

はい、そうです。ローソク足を教科書通りに見る方法を、ずっと続けています。商品と株は数日間の短期で、ポジションを持つのは長くても1週間でしたね。FXと日経225先物では5分足や

10分足を使って、3～4時間が限度のトレードですが、私の感覚としては、商品先物の時代に確立したやり方そのままです。

――チャートを教科書通りに見るということは、クセのある動きを嫌うと理解していいのですか？

はい。きれいなチャートが好きなんです。

私の捉え方としては「パッと見て美しい」ということなのですが、あえて言葉にすると、そうですねぇ……細かく分解して、それぞれの箇所で何が起こったかを説明できる、ということですね。底打ちの部分を取り上げれば、底を打った理由を説明できる、過去の動きにもそのヒントがある、といったことです。

私にとっては、多くの個別株は説明できない動きをみせています。商品先物の参加者が増えて、出来高も一定以上になれば、商品専門でやりたいと考えています。

商品先物は、ほかの何よりも素直な動きをして、チャートも美しいんですよ。

最近になってトレードを始めた人や、以前からやっていても商品先物を経験していない人たちは、私からすれば、苦労が多いのではないかと感じます。私は商品先物でスタートしたので、良いイメージを持つことができたと考えています。

とにかく、わかりやすい値動きを相手に、やさしく取ろうとするのが基本です。

5. 絶対に勝つ人の都合

——商品相場でスタートしてトレードの場を移してきたわけですが、対象ごとに値動きの周期はちがいますよね。混乱はないのでしょうか?

各種の要素を考えて、日足、10分足、5分足と種類を変えていますが、実はヨコ軸を見ようとはしていません。周期というものを考えずに、チャートを観察しているのです。

もちろん、チャートを見ている以上は、タテ軸とヨコ軸を同時に見ていることになるのですが、例えば「半年上がったから半年下がるのではないか」といった日柄観測はしません。チャートにタテ線を引いて左右の形を見比べる、といったこともやりません。そういう意味です。

加えて、タテ軸の価格に基準を置くのがメイン——これが広く通じる説明になる気がします。

——世の中で争いの根底にあるのが「時間の制限」だということでしたが、トレードでは時間の問題を重視していないんですね。

そうですねぇ……つながっていませんね。

――トレードで私は、むしろヨコ軸を意識するようにしているので、秋山さんの感覚が理解しにくいのですが、タテ軸を見る際のポイントは何なのでしょうか？

マーケットにおいて、〝絶対に勝つ〟人の都合です。ヘンな例えかもしれませんが、マーケットの参加者は、たった2人だと考えるんです。1人は絶対に勝つ人で、もう1人は常に負ける人です。「マーケットでは、絶対に勝つ人の都合で値動きが決まる」という捉え方ですね。

マーケットには大勢の人が参加していて、それぞれの行動が集約されて大きな波をつくると考えると、「いつ」という問題が浮上してしまいます。「いつ反転するか」「いつまで下げるか」という課題です。でも、2人しかいない、1人の絶対に勝つ人の都合、しかもタテ軸の価格に対する都合で下げ止まったり上げ止まったりすると考えると、値動きの観察は極めてシンプルになるのです。

――勝つ人と負ける人を分類する基準は何ですか？

マーケットをつくった人が絶対に勝つ人で、そのマーケットに乗っかっている人は負ける人です。でも、勝つ人が相場を〝動かしている〟わけではありません。勝つ人は、上げや下げの波を止めているだけなんです。勝つ人の都合で「これ以上の下値は困る」となれば、そこで止まります。

絶対に勝つ人は、含み損を抱えることがありません。含み損を抱える前に、価格を止めるんです。その価格が、負ける人が投げ終わる値段です。そして、自動的に上げの波が発生します。

こう考えると、実にわかりやすいと思うのです。

悩みは、私自身が〝絶対に勝つ人〟ではないために、行動が一歩遅れることです。現実では、説明できる動きしかないのに、損切りせざるを得ない場面にも遭遇する、ということです。

――パッと同調できないのですが、ものすごく実践的な考え方だという感触があります。

でも今の課題は、「ヨコ軸も考える」ことなんです。

例えば、絶対に勝つ人の都合でタテ軸を見て「止まった」となれば、上がるはずです。でも相場ですから、条件がそろっているはずなのに上がらないケースがあります。まだ自分の中で整理できていないのですが、ここでヨコ軸が重要になるんです。

上がるはずなのに上がらなかったので、「今後、上値はない」という仮説が生まれます。時間の経過で結果を導き出すと、それがタテ軸に対する答えになるのですから、私が無視してきたヨコ軸がタテ軸につながるのです。

――その説明は面白いですね。もう少し明確になったら、ぜひ聞かせてください。ところで、実際のマーケットを考えると、勝つ人も負ける人も1人ではありませんよね？

その通りです。でも、絶対に勝つ人同士でケンカすることはありません。負ける人から吸収するだけで、勝つ人同士で取り合うことはしないのです。だから、勝つ人に注目する値動きの観察にはブレが生じない、という考え方ですね。

——その考え方は、商品先物の時代に確立したものですか？

はい、そうです。商品先物の閉鎖的なマーケットでは、まさに私が説明した通りのことが起きていると想像しやすいはずです。現物を扱い、先物市場でも無尽蔵に張ることのできる商社同士が、互いに取り合いをするはずがありません。マーケットに乗っかってくる大衆から巻き上げることを考えるだけです。

同じことが為替の世界でも起きているとは考えにくいかもしれませんが、そういう構造だとリアルに想像すれば、少なくとも、トレードの決断はシンプルなものになりますよね。

それに、マーケットの参加者を、絶対に勝つ人と絶対に負ける人にくっきりと分ける発想は、トレーダー個人の意識を向上させることにもなるのです。

——どういう意味ですか？

人の紹介などで何人かの個人にトレードを教えているのですが、まずは姿勢が良くないと感じるケースが多いのです。

無限の可能性のある世界に利益を求めて参入するのに、ハナから〝負ける人目線〟なんですね。

――なるほど、それは重要な要素だと私も思います。

先ほどの「資金管理＝負ける前提」というのも、同じことだと考えています。負ける前提で臨むから、結果的に負けてしまう、勝つための研究にも十分な力が注がれないと思うのです。

個々のトレードにおける負けは必然ですが、負けを認めてしまう姿勢には抵抗があります。負けを減らすためには、勝ちの回数を増やすことです。負けることを想像しながら、負けを回避しようとするエネルギーを、勝つための工夫に向けるのが正しいということですね。だから私は、勝率を上げることを大切にしているのです。

――「志が低い」なんて言葉がありますよね。

「志」というと、私にとっては信念に近い別の意味なので、「目標」ということでお話しします。知識や経験が足りなかったり、誤ったことを教わって勘違いしている人は多いのですが、目指すところの高い低いは、〝覚悟〟の強弱につながるのではないでしょうか。

トレーダーとして目指すところ、つまりトレードをするにあたってのゴールが非常に低い人は覚悟も弱く、伸びる可能性がないと感じます。

——ゴールが「月に10万円の利益」なのか「世界征服」なのか、みたいなことですか？

「月に10万円の利益」では、その人物そのものにワクワクを感じませんが、「世界征服」ならばジックリと話を聞いてみたくなりますね（笑）。

目指すところが低すぎる人は肯定できません。でも、単にカネ儲けをすることがゴールというのもイヤです。トレードを、カネを稼ぐ手段として位置づけ、何か面白いことを目指すべきだと私は思います。

——秋山さんのトレーダーとしてのゴールは、どんなものですか？

目先のゴールは、先ほど説明したヨコ軸の問題を解決することです。「タテ軸とヨコ軸の融合」ですね。

もっとゴールらしいゴールは、私の代ではなく数世代を費やす計画ですが、マーケットをつくる側になることです。決して、私の子孫である必要はなくて、志が同じ誰かならいいので、「絶対に勝つ人」になることですね。

マーケットで絶対に勝つ人は、自らの意思で株価を下げて景気を悪くし、国家に多くのカネを流通させる。そのカネを得た大衆から、マーケットを通じて吸収する——そういう存在です。

でも、〝巻き上げる〟のではありません。

マーケットから得る利益が世の中で唯一、しがらみのないカネだと思うんです。商業ベースに乗らない段階で「死なない細胞をコントロールする」研究に取り組むには、しがらみのないカネが必要です。研究のスタートに、今の私の存在が寄与できればいいと考えているのです。

——手段としてのトレードですね?

ある動物愛護を大切に考えている女優が、契約している企業の活動が自分の主義に真っ向から反しているという理由で、CMから降板したことがあります。でも、主義に反する活動をしている、許せないと思うのなら、それこそ、その企業のCMに出演してギャラを取り、主義に合致する社会活動に振り向けるべきだと私は考えるのです。

しがらみのないカネ、制約のないカネは、カッコつけて言うと、いわゆる悪意のない、志の高いところへ向かわせることが可能ですよね。

カネは、志の高いところから低いところへ流れて滞留するものです。私はトレーダーとして、私欲が集まり、志が高いとはいえない金融マーケットで利益を上げ、そのカネを〝投資家〟として、志の高いところへ汲み上げ続けたいと思っています。

負ける人目線はダメ、タテ軸だけで考えればシンプル……とてもユニークかつ新鮮な考え方に触れたインタビューだった。

「相場は絶対に勝つ人の都合で動いている」というのは、トレードの具体的な手法の基となる思想としては「相場人為論」である。これに対し、特別な力の存在を認めないのが「相場神聖論」だ。あっさりと二分すれば、前者が秋山氏の考え方、後者が私の考え方といえる。

根底の思想的なものがちがえば必然的に、価格の動向を観察する基準が異なり、ポジションのつくり方も異質なものになる。だが、売りまたは買いポジションを持ち、マーケット価格の上げ下げで損益が生じるという部分には何のちがいも生じないのである。

結局、無数にある判断基準から、ひとりの人間に扱える範囲のいくつかを選んで、具体的なポジションの取り方を決めているだけなのだ。この部分が、秋山氏と私の共通点につながる。「シンプルに考える」という部分だ。

しかし表面的には、チャートのヨコ軸を重視する私の考え方が、秋山氏にとって現段階ではシンプルとはいえないというのだから、実に面白いと思う。

このように2人の差異を示しても、人によっては「同じじゃないか」と指摘するのかもしれない。その発想はその発想で、また実に面白い。

ちなみに、どちらが優れているか、あるいは、どちらが正解かといった議論はナンセンスだ。

それぞれ違うだけのことで、根底の思想、予測法、利用するデータ、ポジションの取り方など、一連の要素に整合性があるかどうかだけが問題だと思う。

私は相場人為論を否定的に考えるが、インタビューを通じて、秋山氏の論旨に矛盾を見つけることはできなかった。また、彼が重要だと強調した「勝つ人の目線」という発想は、別のところで全く同じことを考えていながら、トレードにおいては抜け落ちていたことに気づいた。

今の時点ではまだ結論を出せていないが、資金管理は負けることが前提だと説いた彼のイメージに同調して、いろいろなことを考えてみたいと思っている。

読者は、どのように受け止めただろうか。

髙山剛

五感と金融工学と禅の思想で臨むオプション取引の専門家

「予測ではなく目の前の事実を見ることです」

髙山剛氏は、1984年に早稲田大学の法学部を卒業後、山一証券に入社した。その後、外資系の金融機関で本格的にデリバティブを学んだほか、国内外でいくつもの金融機関に勤めながら専門的な業務に携わってきた、知識と経験が非常に豊富な人物だ。

私よりも2年早く金融界に入ってバブル期を経験した髙山氏は現在、トレードから少し距離を置いて禅の修行に集中している。相場に勝つために学び始めた禅の影響か、「売りだ」「買いだ」と目をギラギラさせる雰囲気が薄い。それだけに、彼が淡々と語る金融の知識と禅の思想は実に新鮮で面白く、マーケットを俯瞰《ふかん》した姿勢に触れることができた。

インタビューは2014年8月20日、林投資研究所近くの飲食店で行った。

1．禅と出会う

――今は独立して、けっこう自由に仕事をしているようですが、現在の立場に至った経緯を聞かせてください。

２００２年あたりは、マーケットがかなり冷え込んでいましたよね。日本では「失われた10年」などといわれて暗い雰囲気でしたし、アメリカもドットコムバブル※のあとの落ち込みで、ＮＡＳＤＡＱ指数も高値の５分の１になっていました。外資系の金融機関も当然、景気が良くなかったわけですよ。

僕はその当時、コメルツバンクにいたのですが、東京の拠点を閉鎖してシンガポールに移すなどのリストラ計画が進んでいて、その一環で会社が早期退職者を募ったのです。長い間、うつ病を患っていたこともありましたし、プライベートな環境も落ち着きがないということで、僕は早期退職することに決めたのです。

とりあえずは独立トレーダー、初めて完全な個人投資家になりました。

※ドットコムバブル
日本でいう「ＩＴバブル」。米国を中心にインターネット関連の起業が相次ぎ、新興市場で株価が急騰するケースが多発。通信関連銘柄が多い米国ＮＡＳＤＡＱ市場の「ナスダック総合指数」は、96年の１０００ポイント前後から99年1月には２０００ポイントを突破、00年3月10日には５０４８ポイントに達した。しかし02年、１０００ポイント台まで下落していた。

――個人投資家になって、どんなトレードをしましたか？

今のように手軽にＦＸ取引ができる環境はありませんでしたが、知識やコネを使って為替もやっていました。でもメインで手がけていたのは、日経平均のオプションでした。デリバティブの世界を歩んできたので、自分の能力を最も生かせる場所だと考えたからです。内容としては、かなり派手でしたね。

――成績はどうだったのですか？

１カ月くらいで資金を3倍にしたかと思うと、こんどはその大半を飛ばしてしまったり……。

――待ってください。私は、金融機関にいた時の知識や技術を駆使して手堅く利益を出す方法を選んだと想像したのですが……。

安全なサヤ取りは、知識的にも技術的にも十分にできたはずです。

でも僕のアタマがギャンブルモードから抜けられなくなってしまっていたので、理屈では「それではダメだ」と思っていても、資産が倍々ペースで上下する刺激に酔ってしまい、安全運用がバカらしくなってしまいました。資金が減り始めても「またすぐに取り返せる」と思い、なかなかモードを変更できなかったのです。

そんな過程を経験した僕は、人間の心の奥底にある、自身の行動を決定する部分を〝いかに扱うか〟が、人生において最も大切なノウハウであると考え始めました。

2. 事実を見る姿勢

――そんな思いが、禅の勉強につながっていくのでしょうか？


要はそういうことなのですが、僕の苦悩はまだ何年も続きました。

自分の心をコントロールする方法が見えてきたのは、禅の師匠に出会ってからです。それまでは、本当に手探りでした。

――禅というと「坐禅」を連想しますが、足がしびれそうな状態で坐っていて時々、棒で叩かれる、ということしか思い浮かびません。あんなことをしたら、頭の中が妄想でいっぱいになりそうです（笑）。

僕も最初は坐っていて、どんどん妄想が膨らむばかりでしたし、足が痛いから短時間ですぐに動いてしまう……まったくもって、どうしようもない坐禅だったと思います。けれども、そんな不完全な坐禅でも抜群の効果がありました。長年悩んでいたうつ病が短期間で治ったのも、間違いなく坐禅のおかげです。

――静かに坐っていることで、大切なことに気がつくわけですか？　偏見なのはわかっていますが、歴史ある宗教でも、例えば政治などにも利用され、ゆがめられている、という先入観があるのですが。

知識を知識としてもっているだけではダメで、知識と行動を一致させることが大切だということです。

ところで「心そのものは人それぞれ」ですから、味の感じ方を向上させようとしても、ほかの人がどう味を感じているかはわかりません。そこで、他人に伝えるには言語を使うしかありません。しかし先入観とは、ほとんど言葉で出来ています。

このように、言葉というものが事実をそのまま表しているか否かが大問題なのです。

意外に思われるかもしれませんが、仏教とは「自然に逆らわない」「事実に即して生きる」ことを目指す宗教なのです。

そのときに障害となる最大の難敵が言葉であり、仏教は「言葉にだまされるな」と強く戒めます。そして、政治とはまさに虚飾にまみれた言葉の集合体であり、本来の宗教はみな「権力を警戒せよ」といってきました。まぁ、偽物の宗教はその限りではありませんが（笑）。

別の例を挙げると、地図は単に記号の集まりで、言葉と同じような役割を果たしていますが、地図が現実の土地と異なることは明白です。また、楽譜も単なる記号であって音楽そのものではありません。同じように、どんなに工夫しても言葉というのは、〝事実の一部分を切り取ったもの〟でしかないのです。

ちなみに「仏教は哲学だ」と説明されることもあるように、仏教では神の存在を認めません。ですから、手をかざすと痛みが消えるとか、不思議な力で死んだ人が生き返るといったことは認めません。

しかしそのような〝ズル〟が過去に一度もなかったにもかかわらず、人類が絶えることなく何万年も生きながらえてきたほどに、この世の中は奇跡に満ちあふれ、非常にうまく出来ています。

これは紛れもない事実であり、その裏で働いている理にかなった力を〝仏法〟と呼ぶのです。

事実ではない「言葉」にとらわれて、「坐禅中は、このようにしないとダメ」などと〝自分勝手〟に頭で考えながら坐っても、本来の坐禅にはなりません。

――すみません、難し過ぎます（笑）。

禅は、何もしないで坐るということです。「何もしない時間をつくる」「中断する」というのは、極めて重要なのです。例えば長時間使っていたパソコンの挙動がおかしい場合に、再起動をかけてメモリ内のゴミを取り除くとスイスイ動くようになりますよね。それと同じことを人間にもやってみようということです。

ところが、「何もしない」のは案外に難しい。だから、最初は練習が必要です。人間は、黙ってジッとしていられません。意識的に「〝何もしない〟をする」という考えに至る点が、革新的なのです。

最近は「マインドフルネス」というのが流行していますが、これも基本は同じです。落ち着いて行動して周囲を丁寧に観察していくことで、ちょっとした気づきが増えて行動のクオリティが高まります。ムダな動きが減り、必要なときにすぐに動けるようになっていきます。

ところが人間は、どんどん連想していく習慣がある。手放しで〝何もしない〟という行為は難しいのです。だからこそ、練習や訓練が必要なのです。

トレードなら、ポジションを持たずにいられない、通称〝ポジポジ病〟にかかっている人が大勢いますよね。なんとなく危ないと感じていても、ポジションを閉じたりポジションなしのままで見ていられる人は少数派ですよね。

お釈迦様は、「何もしない」ことの大切さに気づいた稀有《けう》な方だったんですね。

――トレードの例で、やっと私でもわかる話になりました。そんな調子で続けてもらえますか（笑）。

では、「事実」ということについて考えてみましょう。

あるトレーダーが、株式なり為替なりで、ロング（買い）ポジションを持っていたとしましょう。そのトレーダーの財布の都合としては、価格が上がっていくことが好ましく、下がるのは好ましくありません。

しかし、マーケットがこれから上がるのか下がるのかという事実と、このトレーダーの財布の都合は、全く関係がありませんよね？

もっと細かく正確に言えば、そのトレーダーがロングしている（買っている）分は将来、間違いなくマーケットに売り注文として出てきます。

そのことを、そのトレーダー本人が、これ以上ない確かなこととして認識し、将来の確実な売り要因だとカウントするのが正しいのです。しかし買っているのに「（将来）売り圧力になる」というのは、トレーダーの財布の都合としては好ましくない事実です。

最も都合の悪い状況とは、そのロングのポジションを保有している間に価格が下がってしまうことです。損切りを迫られるという現実が現れるからです。

このとき、事実に即して損切りするか、自分の都合に負けてポジションを維持してしまうか、どちらを選択するかが大きな分かれ目となります。

仏教における「事実に即して生きる」を相場に例えると、マーケットがこれから上がるか下がるかの判断と自分のポジションを、全く別個に判断する姿勢です。

――それがマーケットの構造だと？

いや、言うなれば「自分の心の中の構造」です。

でも、ふつうの人はこんな〝心の構造〟を認識していませんから、すんなりと「事実に即して」という姿勢をもてる人は少数派ではないでしょうか。

仏教一般では、このように自分の財布の都合によって行動することを、我欲に執著（＝執着：しゅうじゃく、と読む）するといいます。

仏教の実践においては、この我欲を制することが大きなテーマのひとつなんですね。

――でも、自分の主観を入れないとトレードの判断や決断ができませんし、未来を考えるのがトレードですよね？

その通りです。

でも多くの人は、値動きを見た瞬間に、主観でゆがめてしまうんです。「強い」とか「弱い」といった相場観が求められるのがトレードですが、価格は上下どちらにも動き得るもので、上に行く可能性も下がる可能性も常に等しいというのがニュートラルな考え方ですよね。

まずは、そのニュートラルな視点で「事実」を捉えようということなんです。

「現在に立脚しなければ、未来を考えることはできない」という考え方ですね。現実がうまくいってこそ、将来を考えていく意味があるのです。

足元で間違えているのに、その延長で将来を予測しても良い結果が出るわけがありません。いったんやめる、ダメな玉は切るしかないのです。

だから、買って上がって玉を乗せていくのは肯定できても、下がったから仕方なくナンピンするのは否定せざるを得ません。

1000円で買った株が800円になったときでも、逃避的に、根拠なく「大丈夫だ」という人がいますが、主観やアイデア、あるいは能力とは関係なく、「200円引かされている」というのは厳然たる事実なわけです。

金融の現場で自ら学んだり教わったことのひとつに、「評価損と現実損は全く同じ」という考え方があります。実は当たり前のことなのに、主観を加えることで事実をゆがめて「どうにかなる」なんて言い出しちゃうわけですよ。

ところが、「どうにかなる」という言葉が出てくるのは、自分の心の奥底に「これはマズい」「切ってしまうのが正解だ」と理解している自分がいるからではないでしょうか。

そんなときでも体のほうは正直なので、本気でつらいと感じているはずです。自分を偽って事実をねじ曲げている余計な「頭の動き」があると思ってください。その頭の働きは「屁理屈」で武装してきますので、十分な注意が必要なのです。

実は、主観に基づく判断なしに、事実のみを捉えて行動したほうが、よほど良い結果になることが多いのです。単純に事実として「下がった」。これは想定とは異なる。だから切ろうという具合に、反射的に動けばいいのです。良い悪いの価値判断ではなく事実に即して行動することの大切さを、もっと意識すべきでしょう。

例えば武道で、相手の動きに合わせて無意識に動けるようになることを目指すのと同じです。夢中になって本を読んでいるときは、とても集中している状態です。自分がなく、本と同化しているんです。いわゆる「ゾーンに入っている」状態で、考えない、妄想を抱かない——このような状態でこそ、私たちは最大限に情報を受け取っているのです。

頭を働かせたほうがよいと考えるのはまさに先入観で、根拠のない主観の中でムダなループからくる心のつぶやきなどに情報収集をジャマされず、目の前にあるものを素直に受け入れるだけのほうがはるかに生産的です。

とにかく、徹底的な現実主義が仏教の特徴で、〝いま目の前にあるもの以外は信じない〟というのが基本的な発想です。僕はこれを理解して、うつ病も解消できましたし、トレードにおける迷いもずいぶん少なくなりました。

――トレードに関して髙山さんは、ずっとプロの世界にいるのですから、正しくムダのない行動を最初から自分にインプットし続けてきたはずです。それでも変化があったのですか？

わかっていても、やはり生身の人間ですから、ちょっと躊躇する、判断が遅れるといったことがあります。それがグッと少なくなりました。

髙山氏の話を聞いていて、あらためて禅に興味をもった。「禅の勉強で達観したら、カネやトレードへの興味を失ってしまうのではないか」と思っていたのだが、どうやらそうでもなさそうだ。お釈迦様が気づき、その後2500年も継承されてきた歴史ある教えで、私の超俗物的な我欲を高いレベルでコントロールできるようになるのではないかと、本気で感じたのである。

だが髙山氏が指摘する通り、言葉に頼っても正しい理解には至らないのだろう。彼の説明を聞いて「わかった」などというのは、実におこがましい態度なわけで、自ら禅を学んで真の理解に至ってはじめて、自分なりにトレードにつなげて考えることができるのかもしれない。

インタビューの直後、髙山氏が資料を送ってくれた。初心者向けにまとめられた「坐禅入門」だ。まずはこれを読み、時間をつくって坐禅を経験してみようという気持ちが芽生えた。

自分自身の中にある欲望が満たされることを想像しながら禅を体験すると、果たしてどうなるのか――こんな気持ちを髙山氏にぶつけてみたら、「禅を始めるまでの過程が大切です。時間はつくらないといけません。忙しいなどと言っているのがダメだ」みたいなことを言われてしまった。

いずれ私自身の禅体験を報告する機会が訪れるかもしれないが、とりあえずは髙山氏のインタビューを続けよう。

3．ポジティブ思考の意味

――正しい行動がわかっているのに実行できないのは、どんな理由だと説明できるのでしょうか？


わかりやすく言えば、ポジティブな姿勢が足りないのでしょう。「この玉はダメだから切るしかない」と損切りを実行するには、自分に対してポジティブである（自信がある）必要があります。

また、社会や世の中もポジティブに捉えたほうがいいですよね。

――不安だから自分を信じることができない、ということですか？

そうですね。現代の日本では、たくさんの人が何らかの目標を立てて生活しています。しかし、現時点では目標に達していないわけですから、今の自分は「否定されるべきもの」として扱われる状態です。

だから、それを打開するために、新しい知識、新しい能力を求め、自分に何かを付加して〝新しい自分〟になるために、外の世界からいろいろなものを取り入れようと躍起になっている人が非常に多い。冷静に見れば、自分を離れて他人の基準によって自分をなんとかしようという倒錯に陥っていますし、なによりも本人にとって一番キツい生き方です。

僕がうつ病だった時は、医者が処方した薬を毎日、何十錠も飲んでいました。そして診察の際に「調子はどうですか？」と聞かれて「少し良いみたい」とか「少し悪いですね」と答えていただけでした。薬を飲むことは客観的には正しい選択だったのかもしれませんが、今思えば、こんなことだけで回復に向かうはずがなかったのでしょう。

でも禅の教えに従い、「今の自分ではない自分になろう」といった発想を捨て、「余計なものはすべて手放してしまおう」「素の自分がやらないで誰の人生か」と思えるようになり、そこから目の前がパーッと開けたみたいです。それまでは下向きだと思い込んでいた方向が、実は上向きだったのだと気づき、一気に解放されたのです。

――髙山さんのおっしゃるように、自分で実践して腑に落ちる、納得してハラに落とすことが大切なのでしょう。ではトレードでそうなるには、どうすればいいと思いますか?

とことんヤラレることでしょう(笑)。私も派手にすっ飛ばしたことがあります。多かれ少なかれ、誰でも痛い目に遭った経験があるはずです。

問題は、そのあと気づきが得られるかどうかなのですが……。

ある程度は割愛したが、髙山氏は禅の思想などを丁寧に説明するあまり、どんどん深いところに進んでいく傾向がある。それがまた魅力なのであるが、うかうかすると突拍子もない精神論に聞こえてしまうかもしれない。

だが彼の姿勢は、禅の教えに根ざした科学的なアプローチなのである。

このあと私は、彼の経験を土台とした金融工学的な説明を求めて「勝つための方法」を引き出そうと質問を続けた。

4. 値動きってどんなもの？

――"事実を見る"ことが大切といっても、ポジションを取る行為を想像するだけでも、フィルターをかけて値動きを観察することになってしまいますよね。

そうですね。だから、値動きの特性を「客観的」に知ることが第一です。さらに、自分が取っている戦略による損益の出方の特徴を理解することが大切です。

株価の場合、単純に値上がりする確率と値下がりする確率は等しいのですが、注目すべきは値幅です。金融工学のイロハとして、５００円のものが下がって２分の１の２５０円になる確率と、上がって２倍の１０００円になる確率は等しい、と考えます。

つまり下げの時の２５０円幅と、上げの時の５００円幅が等しいのです。これは「変化額」ではなく「変化率」で考えるということなのですが、あとで詳しく説明します。

次に戦略を考えます。オプション取引を例に説明しましょう。

オプションはある（金融）商品を、その権利行使日に市場価格がいくらになっていても、あらかじめ約束した価格（権利行使価格）で取引するという契約です。

ただし、オプションの買い手は初めにその代金を余計に支払っているので、その値段で取引するしないを勝手に決めることができるという、非対称の契約です。

買う権利を「コール」といいますが、誰でもより安く買いたいので、権利行使価格が安い「コール・オプション」の値段はより高くなります。

反対に、例えばいまマーケットで実際に取引されている値段よりも、かなり高い権利行使価格を約束した「コール・オプション」の値段は安くなります。

このようなオプションに価値がつくことは確率的に低いのです。しかし、もともと安い値段で買っているので、低い確率ながら、何かの拍子にマーケットが急上昇するとたくさんの儲けが出て、非常に効率の良い投資になります。

オプションを買う本来の動機はリスクヘッジだと説明されますが、まれに起こる急変動に備えてオプションを買っている場合、オプションで儲けが出るのは10回のうちの1回程度です。逆に、こういったコール・オプションを売っていると、勝つのは10回のうち9回で、残りの1回しか負けません。けれども、その1回でヤラレたときに非常に大きな損失が出る可能性があるわけですね。

このように、回数の面ではたいがい勝つのに、まれに大きく負けるように仕組まれている商品を取引しているときは、その性質を自覚することが大切です。

実は、このような勝ち負けの確率の〝偏り〟は、デリバティブに限ったことではないのです。わかりやすく、現物株の売買に置き換えて説明しましょう。

株価はたまに驚くほど大きく変動します。でも通常は、ある一定のレンジで推移しますよね。だから逆張り戦略で「上がったら売り、下がったら買い」を繰り返すと、高い確率で勝てるわけです。ところがレンジをブレイクして動いた場合、逆張りで建てたポジションに対してどんどん逆に進むことがあり、これを放置すれば大きな損になります。オプションの売りと同じです。

このように、10回に1回大きな負けパターンとなる仕組みになっている取引については、その性質を自覚することが非常に大切なのです。

ちなみに私は、レンジブレイクを狙うタイプです。だから、そのままでは少なくなってしまう勝ち回数をなるべく増やす、もしくは、たまに勝ったときの収益を最大限に伸ばすことが大命題です。例えば、出動を絞り込む、取れる相場にしか手を出さないといった工夫が必要になるのです。とにかく、こういうふうに勝ち負けの確率を理解すると同時に具体策をもつのが、真の戦略です。

――トレードの結果に対しても、適正な評価が可能になりますね。

勝つべくして勝ったのに浮かれる、当然の負けで必要以上に落ち込む、といったことがなくなると思います。

10回のうち9回勝つ方法ならば、9回続けて勝っても当たり前で、「勝った勝った～」とはしゃぐのはおかしいわけです。また、1回の負けに出会って落胆する必要もないわけですね。

確率の話をもう一つしておきましょう。

仮に1024人（2の10乗）が集まって一対一で勝ち負けを競ったとします。トーナメント方式で、勝ったらカネが2倍になるかわりに、負けたらゼロになるというルールです。10回続けると、たった1人の勝者が残り、全員のカネがその人ひとりのものになるゲームです。

2の10乗が1024ですから、9回目に2人だけが残り、10回目の勝負で1人だけが勝ち残るんですね。そのたった1人の勝者のカネは元の1024倍、つまり「2の10乗」倍になっています。

このゲームの勝者は偶然で決まります。実力など一切関係なく、確実に1人の勝者が出てくるのです。1000分の1の確率の非常に難しい投資であっても、1000人いれば勝者は1人出てきます。

現実に、ハイリスクのトレードを実行して、これと同じように勝者になった人が浮かれてブログを立ち上げるなんて現象を目にしませんか？「1000倍のトレード法」みたいな言葉をキャッチフレーズにして……。

ところが、このハイリスクのゲームに勝ち残ったと思ったとたん、別の1024人のグループが隣の宴会場で同じことをやっていて、そのチャンピオンと対戦することになったとしましょう。

勝てばさらに財産は倍になり、最初の2048倍に膨らみます。けれども、隣の1024人のグループの勝者に負けた時点で破産ですよね。

これを現実に置き換えると、「飛ぶ鳥を落とす勢いだったあの人が、マーケットから退場してブログを閉じた」という結末です。

僕はこれを〝トレード必敗法則〟と呼んでいます。

さて、こういったカラクリをきちんと理解するには、多くの人が高校で苦しんだ対数、数式に「log」と書くヤツなどを使うと本当に便利なのです。

――それは、私がわからないのでダメです（笑）。わかるように説明してもらえますか？

変動を「率」で考えるってことです。

ふつうに生活していると数の変化は等差数列、つまり「10」の次に「20」ときたら差が10だから、3つめは「30」だという感覚がしっくりきますよね。しかし、投資や金融の世界では比率で考えるので、「10」が「20」になったら2倍だから、その次にくる3つめは20の2倍の「40」と考えたほうが、なにかとうまくいくようになっています。

足し算ではなく、掛け算なんです。要するに複利なんですよ。

これが、先ほど説明した変動の確率と結びつくのです。

500円の株価が、500円という同じ額（差）の「幅」で動いて、1000円になるのと0円になるのは同じだとは考えないのです。

500円が1000円になる場合と1000円が元の500円に戻る場合、前者では2倍になっていますが、後者は2分の1という変化です。これは、基準点がどんどん移っていることに由来します。

最初に500円で勝負していたのが、勝ちで得た500円を追加して（元本を2倍にして）複利で勝負しているので、負けたときに勝ったときの金額と同じにそろえるためには、変化率は2分の1に抑えなくてはならないという道理なのです。

配当落ちもなく株価が右肩上がりにどんどん上がっていくと、資産額は毎日増加していることになります。評価方法にもよりますが、その株への投資額（＝リスクにさらしている資産額）も増加しているとみなすこともできます。

ですから、株価を見るときには、複利で考えるのがスタンダードなのです。右の例では、上昇時の2倍と下落時の2分の1倍が等しかったわけですね。なので500円の株に投資して負けたときは250円のところで釣り合います。だから500円の株価が、2倍の1000円になるのと、2分の1の250円になる確率は等しい、と説明できるのです。

こういったことを、もっと正確かつ緻密に扱っていこうとすると「log」が出てくるんですが、きちんと理解すれば、勝った負けたが混在する中でカネを殖やしていくアイデアにつながります。

――というと？

先ほど、１０２４人のトーナメントを例に取りました。勝つも負けるも50％の確率で、１回勝ったとき、５００円が2倍の１０００円になりましたが、次に負けたときにすべて失うのではなく、元の５００円に戻ったところでゲームを降りられれば、破産せずにすむでしょう。

この2倍というのは極端なので、もう少し現実的な数字として10％増、つまり「１・１倍」としましょう。元金１００万円を１・１倍にすると１１０万円です。次の回は元金が１１０万円なので、また勝って１・１倍になると１２１万円になります。

完全なる「勝った負けた」で勝率が50％でも、負けたときに１つ手前までしか戻らない、つまり１２１万円で負けても１１０万円までしか減らないようなリスクの取り方をすればいいのだ、と説明できます。

2倍と50％（2分の1倍）の例とは違い、１・１倍と１・１分の１倍の差はかなり小さくなります。にわかに現実のリスク管理に使えそうになりましたよね。これがすぐさま具体的なトレード戦略になるわけではありませんが、リスクとリターンを考えていくときの基礎となるのです。

負けて大きくへこむことがなければ、継続して売買することで利益が残っていくのがトレードの世界ですからね。勝率を50％より少し高めで安定させられれば、資産は殖え続けることになるのが道理です。

――あとは、トレード対象の分析ですね。

はい。現物株ならば変動をつかみやすいのですが、デリバティブではレバレッジがかかるので、変動率を正確に把握することが特に必要なんですよね。

株価の変動でも、例えば「100円動いた。すごい」と感覚的にとらえるだけでなく、その銘柄が日常どの程度変動しているのかを率で考えないと、その100円幅を評価する基準がつくれませんよね。

通常の動きの基準・尺度となるのが、その名称だけは非常に有名な〝ボラティリティ〟という指標なのです。

ボラティリティはきちんとした数字で得られるので、計算して日頃のトレードの参考にすることができる値なのです。

トレード対象は先物、FX、個別株とさまざまでしょうが、自分の取引している対象となる資産について、1日の変動率をきちんと計算してデイトレードを実践している個人投資家が、いったいどれほどいるのかと少し心配してしまいます。

――資金配分によっても結果は異なりますよね。

その通りです。

外貨預金でドル／円を手がけたとします。1ドルが100円だったと仮定して、まあ現実には1円動いたらそれなりの変動ですが、100万円使って1万円しか稼ぐことができません。

ところがFXで取引した場合、規制が強化された現在でも25倍のレバレッジをかけることができますから、100万円あれば2500万円相当のポジションを取ることができ、目いっぱいに張れば100万円の資金で25万円稼ぐことが可能になるわけです。

考えてみると、一般的な個人投資家が特別な審査もなく、たった4％の手元資金で金融取引ができるなんて画期的ですよね。このように金融マーケットは、〝成り上がる〟には格好の場所です。でも負けたときのことを考えると、100万円の資金が一気に25％も減り得るのですから、資金管理が非常に大切なのです。

こうやって、トレード対象の変動率、手法による勝ち負けの確率、そして資金配分による勝ち負けの限度などを正確につかんでいないと、負けるべくして負けてしまいます。

これを、主観とか自分の都合とか、勝手な思い込みで考えるのではなく、事実をあるがままに受け止めて理解しようというのが金融工学であり、禅の思想とも合致するわけです。

負けないためには必要な損切りを行うことが求められますが、それには「何かを足そう」という発想よりも、「捨てる」「やめる」「やらない」という全く逆方向のアイデアが必要なのです。

——金融工学の有効性がなくなってしまう状況もあり得ますよね？

そうですね。例えばリーマン・ショックのようなパニック売りがあれば、それまでのボラティリティなんて関係なくなります。ミソクソ一緒に売られちゃうわけですから。

もちろん、長い期間で見れば、ボラティリティが一定のところに収れんするということですが、一時的な現象に対して限定的な理屈を当てはめようとするとムリが生じます。

でも、具体的な対応策を用意して適切なタイミングで実行することで損を回避できますから、それが本当の意味のトレード戦略ですよね。

そして最も大切なことは何かといえば、理屈である金融工学が通じる環境に収まっているのか、そうでないのかを判定するために、基礎を学ぶしかない、ということではないでしょうか。

理屈で固めた金融工学が、時に全く意味をなさなくなる理由は、マーケット価格は参加者の売り買いで決まるからです。

リーマン・ショックの時の例を挙げれば、金融機関が経営の健全性を保つために「下げたら投げる」というルールをつくったとして、金融機関すべてが同じ行動に出れば、健全性を保つレベルでポジションを解消することは不可能になってしまいます。

同じタイミングで買い向かってくれる人がいなくなってしまうのですから……。

このインタビューを通じて、私の誤解がひとつ消えた。

金融工学というのは、どちらかというと、サブプライムローンのような無理やりな商品設定で投資家を踊らせるために考えられたという印象だったのだが、何気なく感覚で売買しているトレード対象を数字で分析するというアプローチによって、大きな発見がありそうだという気持ちになったのである。

まだ企画の段階だが、髙山氏を講師とした金融工学の入門コースを、ぜひともつくってみたいと考えている。このコースの魅力をどこまで伝えられるかが問題だが、少なくとも私は彼の講義をじっくりと聞いてみたいと思っている一人である。

私が坐禅を組むことで「トレードやカネ儲けなんてバカバカしい」という結論に至らなかったら、という条件つきであるが、おそらくそんなふうに変わってしまうことはないだろう。

平田和生

ヘッジファンドの最前線を知る経験豊富なトレーダー

「相場が大好き。だからこそトレードを楽しみたいのです」

同じ金融業界でも分野ごとに仕事の内容は大きく異なり、その人その人のキャリアによって、見聞きしてきたものには大きな隔たりがあるものだ。

私自身は80年代から90年代に証券会社の営業部門に籍を置いていたが、当時としては異分野との交流があったほうだと思う。しかし今、業界の人と話すたびに知識や経験のギャップを感じる。

だから、強弱論争的なやり取りを含めて市況について意見交換することこそ少ないものの、それぞれの経験を披露し合うことはある。

知らないことを聞くのが、純粋に楽しいからだ。

今回インタビューに応じてくれたのは、勧角証券（現・みずほ証券）のロンドン勤務を経て外資系を渡り歩いた平田和生氏。暮れが押し迫った2015年12月28日、林投資研究所のオフィスで話を聞いた。

1. ひょんな就職から輝けるキャリア

――平田さんが相場の世界に入ったきっかけは何ですか？

学生時代に経済を勉強していたわけでも相場に興味をもっていたわけでもなく、チャラチャラとした学生でした。

１９８４年、大学を卒業する前年の就職活動で、商社もマスコミも片っ端から落とされたんです。何社かは最終面接まで進んでいたのですが……。そんな状況で落ち込んでいた秋口、10月になっても門戸を開いていた勧角証券に入ったというのが真実です。

しかも、当時の人事部長が知り合いだったので、「お願いしま～す」という感じで話が決まりました（笑）。

――私は翌年の86年入社ですが、いいかげんな就職活動だったので笑えません。でも、そんな時代でしたね。

はい、そんな時代でした（笑）。

その人事部長に配属の希望を聞かれ、チャラいノリで「海外に行きたい」と答えたら、国際部に配属してくれたんです。これが、私のキャリアのスタートです。

——国際部では、どんな仕事をしたのですか？

将来、海外に行って機関投資家を相手に仕事をするのが前提で、ファンダメンタルを掘り下げる「アナリスト見習い」という立場を命じられました。

バブル期の準大手証券ですから、個人営業の部門では、会社が取り上げた銘柄を営業マンが〝販売する〟といった構図でした。

でも、私がいた国際部は、大手のマネをして大型株を追うのではなく、一般的なアナリストがカバーしない小型株を調査してレポートを作る独自の活動をしていました。厳密な定義はありませんが、「スモールキャップ」という呼び方をされる銘柄群です。

いわゆる個人投資家が好むような銘柄、ですね。

単に個別銘柄を発掘するのではなく、チームでテーマを決めて業界全体を調べるのです。

例えば「冷凍倉庫」というお題ならば、横浜冷凍や日水、あるいは東洋水産など、冷凍倉庫事業にかかわる会社を回り、業界レポートと個別銘柄のレコメンデーション（推奨）をまとめる、といったことが業務でしたね。

そのレポートを国内の個人投資家に向けることはなく、英訳して海外投資家に配ったり、海外に駐在する社員に日本語のまま渡していました。「会社の方針だけではイヤだ」という国内の営業マンは、個人的に持ち出していましたけどね。

――最近は変わったかもしれませんが、当時の証券会社には〝相場好き〟の人がたくさん働いていましたよね。

そうですね。働く人はみな「手張り」をしていました。お客さんの口座を勝手にいじるといった違法行為ではなく、まっとうに相場に興味をもって自らも売買していたという意味です。

私の上司も例外ではなく、大の相場好きで、「相場を理解するためには、自分でもやらないとダメだ」とよく言ってました。だから私も、入社して1年くらいたったころ、川崎製鉄を買ってみたのです。これが、記念すべき最初のトレードですね。

――給料を貯めて買ったんですね。

いいえ、カードローンで資金を用意しました（笑）。

銀行は現在、あらためてカードローンに力を入れていますが、当時はご存じの通り、「何でもいいからカネを貸せ」みたいなノリで、若い人間がカンタンに借金できましたから。

川鉄が上がって利食いしたあとは、ＮＴＴの初上場に乗りました。公募価格の１１９万７０００

円で買い、上場後の勢い冷めやらぬ２００万円くらいで売ったと記憶しています。

この時も、銀行がカンタンに貸してくれました。「不動産を買うなら貸します。土地は上がるでしょうから」「株を買う？　それなりにうまくいくでしょう。貸します」って感じでしたからね。

――その後の成績は？

上げ相場の中、それなりに丁寧に銘柄を選んだので好成績が続きました。でも、利食いした分で時計などのモノを買ってしまい、ローンをそのままにしたので、ちょっとマズい状態に陥りました。金利の水準も、そこそこ高い時代でしたから。

従業員の取引には当然、一定の制約があったので、実際はそれほど売買していませんでした。ところが、ロンドンに移ってからは、単に居住地が海外という理由でルールが緩くなったため、ワラントをけっこう売買して儲かりましたね。

――ロンドンに転勤したのですか？

見習いアナリストを卒業し、89年から95年までは「リサーチセールス」という立場でロンドンにいたのです。アクティブ運用※を行う顧客の営業担当者です。パッシブ運用※を行う顧客の担当は、「バスケットセールス」の役割でした。

今とちがって当時は、アクティブ運用が主流でしたね。

※アクティブ運用とパッシブ運用

アクティブ運用とは、例えばファンド運用で、TOPIXなどの指数を基準に「市場平均を上回る」ことを目指してポートフォリオを組む方法。対するパッシブ運用は、「市場全体のパフォーマンスに連動する」ことを目指すもの。一般的な個人投資家が行う選別投資はアクティブ運用、株価指数に連動するよう設計されたインデックスファンドはパッシブ運用。トレードを掘り下げると疑問も生じるが、一般にはこう分類される。

――ロンドンでの顧客層は？

いわゆる機関投資家やヘッジファンドでした。

私が書いたレポートを認めてくれれば、彼ら自身でも再調査したうえで注文をくれるわけです。でも、対象がスモールキャップですから、資金のあるファンドの場合、仕込みには1カ月も2カ月もかけ、自分の注文で値が飛ばないように、また目立たないようにするのです。

そういったことを現場で見ていたことが、何よりも勉強になりました。それに、ワラントも単に手張りしただけではなく、顧客の大切なトレード対象でした。

――受注していたワラント売買について、詳しく聞かせてください。

当時は、「ヘッジファンド」という名称が世間に浸透して間もないころでした。ヘッジファンドは現在、極端なレバレッジ※で資金を膨らませるという認識ですが、当時はその名の通り、売りと買いでリスクをコントロールする〝アービトラージ※〟系のファンドが多かったんですよ。

ワラントは、転換社債（CB）の株式転換権を切り取った状態と同じ、いわば「個別株のコールオプション」ですから、株価が上がれば投下資金が極端に大きく膨らみます。しかし、現株が値上がりしない限り大きいリスクを抱えるだけです。

そこで、このワラントの買いと、現株の売りポジションを組み合わせるといった取り組みが、手法として成り立ちますよね。

そのほかにも、転換社債の権利部分を切り取って売買するといったやり方もありました。

※レバレッジ
トレードにおいては、信用取引や証拠金取引を使い、資金よりも大きなポジションをつくること。リスクやリターンの膨らみ方は、レバレッジの率と対象銘柄の変動率によって異なる。

※アービトラージ
異なる2つの銘柄について売りと買いを同時に建てる手法。俗にいうサヤ取り。

――転換社債は、債権部分と転換権を切り離せないのでは？

OTC[※]、つまり相対取引で〝つくって〟しまうのです。「リパッケージ」と呼ぶスキームです。勧角証券あたりではムリでしたが、大手の外資系では、そういった取引を当時から積極的に行っていました。

まだ自己資本比率の規制なども緩かった時代で、ノウハウをもつ証券会社は、いろいろな手法でオフバランスのデリバティブを扱っていましたね。先物も徐々に盛んになり、株価指数のリンク債などが出始めた時代です。

こういったことも、国内の証券会社にいたら、それこそ、その発想すら全く知ることもなかったようなシロモノです。

※OTC
「Over The Counter」の略。直訳は「カウンター越しの取引」だが、「店頭取引」とも呼ばれる相対（あいたい）の取引。通常の株式売買のように「顧客の注文を、業者が市場につなぐ」ことに対して、「顧客と業者、一対一の取引」を指す。FX取引は通常、すべてOTCだが、東京金融取引所の「くりっく365」は取引所取引。

私自身がいたのは〝株屋〟の世界だったが、外資系証券会社でアメリカの取引所の人が説明会を開くと聞いて参加させてもらうなど、機会さえあればいろいろなところに出かけていた。

そんな経験があったからか、例えば怪しげな仕手株情報を熱心に聞いている人たちを見れば「10年後にも同じことをしているだろうか」と疑問を感じたたし、ドブ板営業で注文を集める〝売り子〟営業には違和感しか抱かなかった。ここまでは正しかったが、やはり「株屋の世界」という環境に限界があったと思っている。

だから平田氏の話は、楽しいし役に立つ——こんなことを思いながら、ロンドンでの経験について、さらに詳しく聞いてみた。

2. 利食いたいところで買え！

——その後は、いわゆる自己売買に携わったんですよね？

はい。セールストレーダーを経験したあと、プロップ（自己売買）の部門で仕事をしました。最初は、ワラントや転換社債を対象としたマーケットメイク※が主でしたが。

対顧客だけでなく業者間の取引もあったので、内容の濃い業務でしたね。

でも、面白くない部分もありました。大手はマーケットメイクで儲けていたのですが、勧角証券クラスでは、どうしても玉がそろわないときにほかの業者に使われ、マイナスの取引を強いられることもありました。

ただ、当時はワラントが盛んで、引受業務で利益を上げるためにはマーケットメイクもやらなければならない──そんな状況だったのです。

※マーケットメイク
値付け業者として、相対取引の相手となること。

──でも、日本国内の営業部門に比べれば、合理的で進んだ内容の仕事ばかりだったんですよね？

いや、バカバカしい仕事もありましたよ。

国内で、会社全体にノルマを課す日があったんですよ。国内証券は、どこも同じようなことをやっていましたよね。「ハッスルデイ」とか「強化日」とかいって。そういうときに数字が足りないと、ロンドンのわれわれが駆り出されるんです。

同じ会社のプロップ部門なのに、ロンドンだから「外人」扱いで営業成績になるんですよね。

そこで、「手数料が２００万円足りない」という場合、「２００万円の売買損が出てもいいから何かやってくれ」ってことになるんです。意味のない仕事でした。お客さんを痛めつけるよりも、ずっとマシでしたけど。

——ムチャをする準大手では、手数料競争のために支店長が寄付で仕切った個別株が残っちゃって、下がって引けている状態なのに夜、既存客に電話してハメたりしていたようですね。

ありましたね〜。

支店、自己、系列投信と玉を移したりしていた時代です。利益の売り買いセットを「アンコ」というのに対して、損の売り買いを「ウンコ」と呼んで、「今回ウンコを引き取ってくれたら、次はアンコを渡すからさあ」なんて（笑）。

現在はワラントも完全に下火ですし、そんなデタラメも含めて懐かしいですね。

——平田さんのキャリアで、今の強みとして最も残っているものは何でしょうか？

デリバティブのトレードにかかわったことも重要な経験ですが、やはり、スモールキャップの調査をしたことでしょうね。

当時はディスクロージャーも今のようにビシッとしていなかったので、独自の視点で探っていくしかなかったんですよ。

資料の数字を、ただ断面的に見るのではなく、過去の数字までそろえてセグメントごとの売上比率、あるいは変化の傾向を計算したりしていました。

そうした調査で、例えば「会社発表の予想が大きく上振れする余地がある」となれば、「買いだ」という結論に達するわけです。

そして読み通りの展開になれば、マーケットも評価するから株価が上がり、仕込んだ玉を高く売り逃げられるのです。

――当時はそれを、力のあるファンドが買う様子を目の当たりにしていたわけですね。

状況によっては、迫力がありましたね。資金力のあるファンド複数がスモールキャップに目をつけて本気で買えば、ものすごい上がり方をみせますから。

今は、あくまでも個人投資家として企業を分析して個人の資金で買うという立場ですが、「これは、〇〇〇が好んで買いそうだ」なんて、銘柄よりも、その銘柄を買う業者のことやファンドマネージャーの顔を思い浮かべます。

――当然、売り買いの実務面も重要ですね。

私は、ヘッジファンドを見てきた経験から、理想の仕込み方、値動きに対する上手なポジション操作といった観点が培われたと思っています。

林さんのところでも同じことを言っているはずですが、「損切りは早く、利食いは引っ張れ」と教わりました。「ここで利食いたいと思うところで、もう一発買いにいけ」とかね。

買って下がった銘柄をナンピンするのではなく、「評価損と実現損は同じだと考えて投げろ」といった、ベタなトレード術もとことん教わってきました。

――ファンダメンタル分析といっても、マーケットの価格で勝負するしかありませんからね。

スタートはファンダメンタルでも、実際に身を任せるのはマーケットです。だから、マーケットの構造とトレードの実務を理解していることは重要ですし、不可欠だと思います。

実際に90年代、大手の顧客から、そういう人材を担当につけるよう希望する声が出始めたのです。

――単なる窓口でなく、トレードのパートナーという感じですか?

そうです。アメリカで生まれた、「セールストレーダー」という職種です。

当時のファンドマネージャーが証券会社に求めたのは、のんびりとファンダメンタルを語るだけでなく、ファンダメンタルを理解していると同時にトレーディングのことをわかっている人間だったのです。

ステレオタイプを誇張した表現ですが、株式部の人は入力が素早いだけ、ファンダメンタル分析の人は金利がどうとかいう話をするだけ、営業マンは肝心なときに外を出歩いている……みたいなことですね。でもマルチな対応をする人がいれば、ファンドマネージャーも注文を出す際に心地いいわけですよ。

ほかの業界と同様、業務が高度化する中では「分業化」が基本ですが、〝ハイブリッド〟型の人間が求められたのです。

――まさに、平田さんじゃないですか。

ハイブリッド型の条件は、「ファンダメンタル分析ができ、トレード実務を知っていて、英語が話せる」といったところですね。私の場合、人事部長のおかげで入れてもらったのがスタートです。でも、入社後にキャリアを積むことができたので、その条件があると認められてヘッドハントされ、ドレスナー、メリルリンチと、さらにキャリアを重ねることができました。

――マーケット取引は単純といえますが、細かい部分では劇的な変化があるんですね。

先ほど言ったバスケットセールスも、ただの御用聞きではありません。90年代の中ごろからパッシブ運用が盛んになり、スペシャリストとしてクオリティを求められました。

多数の銘柄をバスケット買いするといっても、やり方によって価格が変わります。ただ買うだけでは、自らの買い注文で値を上げてしまいますからね。100億円規模の注文を、いかに有利に約定させるか――そのためのノウハウですよ。

2005年くらいからは、電子取引チームというのが生まれました。顧客から頼まれた玉をそろえるために、アルゴリズム※を使うんです。

※アルゴリズム取引
あらかじめプログラムを組み、自動執行で売買を行う仕組み。

――それこそ、けっこうな競争があったんでしょうね。

こちらは、極端な分業化でしたね。まとまった注文を〝計らい〟で受けて処理するとき、人間が手間をかける方法を「ハイタッチ」と呼ぶのですが、それをコンピュータにやらせてしまうのです。現在は、これが主流ですよ。

でも初期のアルゴリズムは、けっこう稚拙で笑っちゃうようなものもありましたね。

仮に、「日々、出来高の30％を買う」という条件が設定されていたとします。ところが、たまたま出た100万株の買い注文に自動的に反応して30万株の注文を追加発注しちゃうとか。それに気づいた人間が、アルゴをカモることもできたわけです。
今は高度化して複雑になり、そんなヘンな動きはしなくなっているのですが。

3．相場の面白さと難しさ

――相場は好きですか？

大好きですね。
最初に覚えたのがファンダメンタル分析ですが、マーケットの値動きは無視できないという現実的な考え方とは別に、動いているものを持っていないと気がすまないみたいな、ふつうの株好き、相場好きだと自分でも思っていますよ。

――売買の期間は短め、ということですか？

対象とする銘柄を得意のファンダメンタル分析で選びますが、有望な銘柄をじっくりと保有するかたわら、短期的な上げ下げを狙って〝張り〟ますね。デイトレードのような超短期はやりませんが、やはり〝値を追いかける〟のが好きです。

そこには、「長期投資」のスタンスを取りながらも立場上、数カ月といった短期間で評価されてしまうファンドマネージャーの世界から影響を受けた面もあると思いますが。

――成績は、どうでしょうか？

今はアナリストとしての仕事にも携わりながら、個人投資家として活動していますから、勝たなければなりません。

実際、勝つことはできます。経験があるからでしょうか、短期の動きは外しません。でも、ドカンとはき出すこともあるので、そのあたりのマネジメントが課題です。好きすぎるのでしょうか……。

――でも、相場ですから負けることも必然ですよね。

おっしゃる通り。

コツコツ勝って2倍にしたあと、ドカンとヤラレて利益の7割を失った――こんな状況に対して「最後の損がなければ……」と思うのは誰しも同じですが、その損失まで含めて自分の成績、自分の腕前、自分が利用するシステムのパフォーマンスだと考えるのが正解なのでしょうね。

――本当にスゴ腕の人もいますけどね。

よくプロ連中と議論するのですが、例えばジェイコム株の誤発注に気づいて大儲けしたことで有名なBNF氏など天才肌の人がいます。彼らと同じようになろうとしてはいけない、彼らは超人的な感覚があり、なおかつ非常に運良く時流に乗ったのではないかと。

――ヘッジファンドのファンドマネージャーたちは、どうですか？

彼らの中にも、スゴ腕の連中はいます。でも、相場は相場ですから、さまざまな状況で苦労するのが当たり前といえます。

例えば、ファンドマネージャーの腕が良くて、運用成績が年間20％もあったとします。そのファンドの人気は高まって資金が流入しますが、増えた資金もその瞬間から運用しなければなりません。計算が狂ってしまうんです。

そして成績が落ちれば、今度は資金が流出します。トレードの狙いが当たっていても、その結果が出る前にポジションを解消して返金しなければならないわけです。これまた、計算しにくい状況が生まれるのです。

それに、1億円とか10億円でパフォーマンスを出せたからといって、100億円の規模で同じ結果になるかというと疑問です。必然的に、1銘柄あたりの株数が大きくなって難しくなるからです。

――極端な試みをするファンドマネージャーもいますか？

ファンドとファンドマネージャーという、構造的な問題があります。個人投資家は自分のカネを使うので、「1億円取るか、1億円取られるか」という勝負になるでしょう。でもファンドマネージャー個人は、「10億円もらうか、職を失うか」という姿勢で臨むことが可能です。

いきおい、ムリなトレードをする者も出てきます。もともと腕前があるので、うまくはまれば1年か2年で数億円の報酬を得られる、最悪でもクビになるだけという、おかしな計算です。

時代とともに〝ヘッジファンド〟という名前とは異なる路線に変わった、つまり「アービトラージ」の路線ではなく「レバレッジ」を利かせてガンガン攻める路線が主流になっていった理由は、金融工学の発達だけでなく、こういうところにもあると思うのです。

だから、一般的なヘッジファンドの寿命は5年、などといわれるのでしょうね。

でも、私たち個人投資家だって、同じ場で、同じ悩みを抱えていると考えるべきです。

多くの人から否定されるのですが、まずは死なないこと、生き残ること、この観点が何よりも大切だと考えています。

私のインタビューには、編集者やスポンサーの要望が一切ない。つまり、私が好きなように、感じるままに進め、その結果を自由に文章に落とし込むことができるのである。これが、最大の特長だと考えている。「インタビューイの本音がストレートに伝わる内容」だと自負している。

もうひとつのユニークな点は、実際のインタビューは多くても2カ月に1本だから、時間的な制約もないことだ。インタビューイが言いたいことを十分に発し、私が満足した時点で終了する。

平田氏のインタビューを文章にまとめて気づいたのは、手法の具体的な説明が少ないということだが、ヘッジファンドの変遷について、平田氏の経験を通した説明が示唆に富んだ内容だったので大満足、あえてこれで終わりにしたいと、インタビューをしながら感じたのだろう。

ついつい、激しく上下する価格に目を奪われる。目の前に利益が〝落ちている〟と感じるから、刹那的に追いかけようとする。そして、盲点だらけになる……。

平田氏の話から、合理的に構成されているはずの金融市場に歴然と存在する不合理さ、われわれ投資家が利益をいただくすき間が生まれる構造、といったことを素直に考えてほしい。

ベースとなる姿勢は、平田氏の最後の言葉に集約されている。

「多くの人から否定されるのですが、まずは死なないこと、生き残ること」

金融市場は経済の一部だから、長い目で見たときの結果は世間的な常識の範囲に収まる。その中に、一時的かつ極端な変化があるということを忘れてはいけないのだと思う。

世界のカジノで
15年以上勝ち続けてきた
プロギャンブラー

新井乃武喜

（プロギャンブラーのぶき）

「トビラを開ける前に勝負を決めろ！」

今回インタビューしたのは、トレーダーではなくプロのギャンブラーだ。

10年以上もカジノを渡り歩いてきた新井乃武喜氏が明瞭な言葉で説明してくれる〝勝つための考え方〟が実にわかりやすく、そのままトレードの世界にも当てはまると強く感じたからである。

インターネット放送「マーケット・スクランブル」で行っている2時間弱のトーク番組「増刊号」に特別ゲストとして参加したのが新井氏、通称「プロギャンブラーのぶき」で、私を含めたマーケット関係者が異口同音、彼のギャンブル哲学がそのままトレードに使えると盛り上がった。

終了後の食事会でさらに彼と議論し、そのあとでインタビューを願い出たというのが今回の経緯だ。

インタビューは2013年10月3日、林投資研究所のオフィスで行った。

1. 運だけに左右される状況はイヤだった

――まず気になるのは、ギャンブラーになった経緯です。

学生時代は最初、多くの人と同じようにサラリーマンになろうと考えていました。でも浪人して大学に入った僕よりも先に、大企業に就職した元同級生たちが、組織の中で苦しんでいるのを見たんです。何が正しいのかを判定するのは難しいのですが、やりたくない仕事を命じられた結果、学生時代に輝いていた彼らがうつのような状態になっていたりしました。

そこで「仕事って、そういうものなの？」と、自ら積極的に考えてみたんですよ。

そして漠然とですが、自分で何かをやろうと決めたんです。もともと「就職したら、その会社の社長になるんだ」なんて考えていましたが、「企業に就職して働く」という視野から、もっと広く見渡して「自分で見つけたものを仕事にしよう」という発想に変わったのです。

――大企業を嫌ってギャンブラー……なんて聞くと、他人とうまくつき合えない人のようです。私がもっているのぶきさんのイメージとは、かなりのギャップがあります。

いや、人づきあいは上手だと思っています。中学・高校が全寮制でした。大勢の人間が24時間一緒にいるのですから、ひとつのコミュニティじゃないですか。

でも全員が仲良くなるわけじゃない。ふつうは、同級生に好かれたら先生や先輩からは認められないとか、先生に好かれるようなヤツは同級生から嫌われるとか、そういうものですよね。でも僕は、先輩からも同級生からも、そして先生からも好かれる存在だったと自負しています。

——それなら、どんな会社でもうまく立ち回る自信をもっていたのでは？　あるいは中小企業なんて、ピッタリかもしれません。

そうなんですけど、例えば優秀だったからといって上司が大切にしてくれるとは限らず、逆につぶされるかもしれないとか、個人の努力だけではどうにもならないことが多いと考えました。

組織の論理による転勤とか出向もありますよね。つまり、そういう〝運に左右される〟部分を避けたんです。

何をしたって運という要素はありますし、大企業で働く人たちを否定するつもりもありませんが、運という要素ができるだけ少ない世界を選びたかったんです。自分の失敗を繰り返さないことは当然ですが、知り得た他人の失敗についても同じ轍を踏んではいけない、と。

中小企業ならばわかりやすい部分が多くてステキな場所だと思いますが、その時は〝就職するかしないか〟と単純に切り分けてしまい、企業でバリバリと働く自分しかイメージしていなかった状態から一気に解放されて、「自分で何かをやるんだ！」って方向になったんです。そして、独立のために資金を貯め始めました。

学生時代には、親から「生活費は自分で稼げ」と言われていたので、バイトには熱心でしたし、バイトでも正社員でも仕事は仕事と考えて、真剣に取り組みながら貯金もしていました。NHKの受信料集金のバイトでは成績が良く、正社員にならないかと好条件で誘ってもらったのですが検討しませんでした。

そのバイトは卒業後も続けていましたが、「独立」を考えながらの貯金に集中していましたよ。

――独立の具体的なプランがない状態で、貯金の目標額は？

周囲のオトナから「カネはあればあるほどいい」って言われて、当初は素直にそう思っていたのですが、「カネを貯めるためだけに働くの？」「きりがないよね」って気づいたんです。

これまたオトナから教わったことですが、1000万円＝1本という数え方で「とりあえず1本」みたいな考え方が頭の中にあり、25歳で蓄えが1000万円に達したところでバイトを完全に辞めて、将来についてのプランを本格的に考えたのです。

――でも一般的な起業ではなく、ギャンブラーになった。

まずは、数年かけて書きためた「やりたいことリスト」を吟味しました。例えばパン屋とか。

――それは、自分でパンを焼いて販売する店ですか？

そうです。でもパン屋を真剣に考えていた時、「軌道に乗るまでの時間」をポイントに考え直してみたんです。

独立してビジネスを始めたら3年から5年は休めない、ならば3年から5年休まなくてもいい、つまり休みたいと思わずに働ける仕事を選ぼうと思ったわけです。日本のパンが好きなので5年後でも10年後でも飽きずに食べられると感じていましたが、それって単なる客側の視点じゃないですか。自分が焼くことを考えたら、1年ももたないかもしれないなって（笑）。

相も変わらず漠然とした状態でしたが、考えていく基準が明確になりました。そこで、リストにある100個くらいのアイデアを見直したんです。そうしたら……なんと、3年から5年続けられそうなものがひとつもなかったんですよ。

――ギャンブラーから遠ざかったようです……。

いや、いよいよです（笑）。

卒業旅行でラスベガスに寄った時になんとなく買った『Playing Blackjack as a Business』とい

う本が部屋にあったのですが、将来について考えていた時、その表紙がふと目に入ってきたんです。「ビジネスとしてカードゲームの〝ブラックジャック〟をやる」って意味ですよね。

そして、ラスベガスで地元の人に言われた言葉を思い出したんです。「スマート（smart）、つまり頭が良ければギャンブルで食っていけるよ」って。

やっと1000万円貯めただけの男がいきなりギャンブルなんてあり得ないと頭では考えたのですが、部屋の隅に置いてあったその本のタイトルが光り輝いていたんです。実は読んでいなかったのに（笑）。

もともとギャンブルなんて好きではなかったのですが、どうしても気になってギャンブラーという将来の姿を想像し、「これなら真剣になれる」「5年間頑張れる」という気持ちになったのです。

——なるほど。でも、周囲の人が驚いたのでは？

当然のごとく、周りの全員から大反対されましたよ。わずか1000万円の貯金でも、25歳でそれを達成した僕をみんなが認めてくれましたし、これから何をやるんだろうって期待して見てくれていたんですから。僕だって自分自身に期待していましたからね。

感じるものがあったとはいえ、ギャンブルなんて完全に〝非常識な選択〟です。説明したって誰も理解してくれません。でも僕は、こう言ったんです。「やっと本気になれるものを見つけたんだ。

常識外だからやめましたなんて結論を出したら、オレ自身がクソなんだよ！」って。

その1000万円は自分で稼いだおカネだから「自由に使えるんだ」と再確認しましたし、ちょうど彼女と別れたあとだったので、「あっ、1人で自由に行動できるんだ」という気持ちもありましたね。


「刹那的で無計画な若者だった」という印象を受けるかもしれないが、新井氏のものごとに対する真剣さや、準備を怠らない姿勢は実に素晴らしいものだと思う。

最大の長所は、常にゴール（目標）を定めて行動するところだろう。「どこに向かっているのだろう」「何をすれば達成なのか」という視点を大切にしているのである。

初めて顔を合わせたのは、前述したように、トレードに関するトーク番組だったが、彼は事前に関係者のことを調べてから現場に来ていた。そこに集まる人たちの情報を集め、出演する人間については過去の放送をユーストリーム（Ustream＝動画配信のインターネットサイト）で見て、顔と名前だけでなく立場や考え方まで確認していたのである。

その時の放送は林投資研究所のセミナールームから行ったのだが、私が外出先から戻った時には新井氏も来ていて、部屋に入った私の顔を見るなり、「林さんですよね」と名刺を差し出してきた。

終了後の食事会でも酒を口にせず、真剣なまなざしで私たちの話を聞きながら議論に参加してきた。飲まない理由を尋ねると彼は、「いや、初めて会う人ばかりだし、自分の知らない分野なので、ある意味、〝勝負〟なんですよ」という答えが返ってきたのだ。

この時に私は、「チャラチャラとした気持ちでギャンブルをやって、たまたま勝ってきただけの人ではない」「番組中に感じていた通りだ」と確信した。

さてギャンブラーになった経緯が明らかになったところで、ギャンブラーとして勝てるようになるまでの勉強について話を聞いた。

2. 正しい勉強を経て自分のものをつくり出す

――もともとギャンブルが好きではなかったのですから、完全にゼロからの出発だったわけですよね？

そうです。でも学生時代にラスベガスに行って、カジノで遊んだ経験はありました。

――ギャンブルに興味はなかったのに？

卒業旅行だったのですが、仲間と相談しながら僕は「ただ行って帰ってくるだけで、ゴール（目標）設定のない旅はつまらない」って主張したんです。で、最もわかりやすいということで、ラスベガスのカジノに行くと決まったわけです。ギャンブルそのものでなく、カジノという場所が重要だったんですね。

――軍資金はどれくらい用意したのですか？

旅費とは別に、カジノ用に80万円用意しました。バイトを頑張って貯金していたとはいえ、それなりの金額でしたが、ゼロになってもいいと考えました。勝ち負けよりも、「ラスベガスを感じるために行くんだ」って気持ちでしたから。

――成績はどうだったのですか？

１日の睡眠が平均３時間という状態で、ずっとカジノにいました。そして、トータルで20万円勝ちました。

でも勝ったことなんてどうでもよく、ベガスという街に魅力を感じたんです。僕がずっと勝負し続けていたら、そのカジノのエライ人っぽいオッチャンが名刺をくれたんです。

そのころは英語なんてさっぱりでしたら、何を言っているのか全くわからなかったんですが、その名刺１枚で未知の体験をしたのです。

チェックアウトの際、カジノの従業員に名刺を見せたら、それまでは日本人の学生に対して〝上から目線〟だったのにガラッと態度が変わり、「失礼いたしました。少々お待ちいただけますか？」みたいな感じで、急いで電話をかけたんです。

そうしたら名刺のオッチャンが出てきて、またベラベラッとしゃべるんですが、再び何を言っているのかわからない。仲間で英語が少しできるヤツの説明だと、「よく来てくださいました。今回のホテル代は必要ありません。また、いつでもおいでください。同じように待遇します」ってことでした。

実はオッチャン、そのカジノのトップの人だったんです。

――金持ちが派手に遊んでいたわけでもないのに、どうしてホテル代を無料にしてくれたり、名刺を渡して「いつでもどうぞ」なんて言うのでしょうか？

たぶん、若い僕が夢中になってテーブルに張りついている姿を見たからでしょう。カジノには大勢の人が集まりますが、その人たちの負け分がカジノの利益です。でも、そうやってカジノが勝つためには、客が長く滞在して何百回、何千回と賭けてくれなくちゃいけない。それには、まず自分のカジノに来てもらう必要がある、というわけです。

そのカジノが気に入る、長く滞在してたくさん賭ける、賭ける回数が多ければ確実に負ける――。

こうやってカモをつくるという、わかりやすいビジネスなんですね。

実はその滞在期間の後半、泊まるところがなくて困ったんです。ベガスという街に人を呼ぶ目的で幕張メッセみたいな施設があり、大企業が大人数の会議を開いたりするのですが、ちょうど会議がまとめて開催される時期に当たってしまったんです。

だから最後の頼みの綱で名刺の人に電話したら、「どうぞお越しください」って。そのカジノに部屋がないって断られた数分後なのにＯＫをくれるし、「それじゃあ」というので行ってみたら部屋も選べるし、驚いてしまいました。

――その経験が、ギャンブラーへの道につながったのでしょうか？

そうですね。その時の気分の良さは脳裏にしっかりと焼きついています。

やりたいことが見つからない中でなんとなく卒業旅行の体験を思い出し、「これなら本気になれるかもしれない」という気づきが感情的に背中を押してくれたのかもしれません。あとでわかりましたが、トップの人が名刺をくれるなんて、なかなかないことなんです。偶然、ほかの人たちがすごくなかったということもあったでしょうね。まあ、あくまでもカモという目線ですが。

実際、例えばポーカーならば、90％の人が負けます。残りの10％の人が勝ち組ですが、わずかに1円勝っただけの人も含めた数字です。結局、プロとして勝っている人は全体の1％だけなんです。

ちなみにブラックジャックでは、勝つ人の割合がもっと少なくなります。
真のプロギャンブラーとは、スペシャリストのさらに上の存在ではないかと私は考えています。

――その1%に入ろうというチャレンジだったわけですね。まず何をしましたか？

当然、勉強です。僕は「ギャンブルは数学だ」と最初から考えていたので、ベガスに行ってギャンブルの教科書を買って読みました。まずは基本の公式を理解しないと、絶対に勝てないと思ったからです。それに、モチベーション（動機づけ）を維持するためにも実践力をつけるためにも、机の上の勉強に偏ったらダメですよね。だから、ドアを開ければカジノがあるという環境が必要だと思ったんです。

単独でベガスにいれば集中できます。日本で勉強してたって、女の子から電話が来たらすぐに遊びに行っちゃいますよ。林さんだって、すぐに行っちゃいますよね？

――いや、同意を求められても困りますね（笑）。

あはは。とにかくベガスに行き、そのころ読んだ本の1冊に「3カ月で勝てるようになる」って書いてあったので、観光ビザで滞在できる3カ月間、頑張って勉強しながら実践してみたんです。
そして3カ月後にわかったのは、「3カ月ではムリだ」ということでした（笑）。

あと本を読みながらわかったのは、1冊の本、1人の視点だけでは弱い、ということです。その著者が間違っていたらすべて終わりというリスクもありますが、ものすごく重要なことまでは書いても、本当のトップスキルみたいな部分は本に書かない、書けないものだと思ったのです。

だから、例えばAという専門書とBという専門書があったら、その2冊を読んで「A＋B」という自分のノウハウをつくり出す必要があると考えたのです。もしA、B、Cと3冊あれば、2冊の組合せは「A＋B」「B＋C」「A＋C」の3通りあります。こういったプロセスで、自分で使う自分だけのものを見つける必要があるはずです。

例えばブラックジャックに限ったとしても、多くの視点からアプローチしてはじめて、そのブラックジャックというカードゲームでの勝ち方が見えてくると考えています。

ちなみに、単なる自己流では絶対に勝てません。自己流っぽくやってきた人でもきちんと勝っているのなら、周囲の人から教わったことを蓄積するなど、多くの視点を確認したうえで自分のものをつくり出す作業を積み上げてきたはずです。

——最初の3カ月が終わったあとは？

いったん帰国して、すぐにベガスに戻りました。そして日本とアメリカを行ったり来たりしながら、ベガスにいる間は「モチベーション×集中」ということで1日14時間、365日やっていたのですが、なかなか勝ち方がわからない状態が続きました。
そして1年半が過ぎ、「1年半では勝てない」ってことがわかりました。

――またですか？（笑）　最終的に勝てるようになったのは？

実践を始めて2年後でしたね。いや実は、1年半が過ぎたところで限界に達して、「頭がおかしくなる3歩手前だ」って感じたんですよ。さすがに1歩手前まで近づいてはいないけど、5歩手前といえるほどの余裕はありませんでした。

そこで日本に帰り、彼女ができたら一緒に見ようと考えていた映画を片っ端から借りてきて、独りで見ていました。そんな引きこもり生活を何カ月も送ったところで、ふと思いついたんです。「1年半も勉強してそれなりのスキルを身につけたはずなのに、なぜなんだ？」と考え、それまで足を向けていなかった場所、ベガスのギャンブラーたちが「勝てない」と言っているカジノで試してみよう、と。自己防衛のためにとりあえず逃避していましたが、あきらめる気なんて毛頭なく、モチベーションだけは維持していましたから。

僕はベガスに戻り、新しいアイデアを実行しました。最初は勝てなかったのですが、改良点を見つけて修正したところで勝てるようになり、「おまえは勝っちゃうから出入り禁止だ」って追い出されるレベルにまで到達しました。やっとプロデビューしたわけです。

「あのカジノでは勝てない」と言ってた連中だってプロなんですが、それぞれの狭い常識でしか考えていなかったわけです。それを真に受けずに自分で考えたから、勝ち方がわかったのでしょう。視野の狭い自己流はダメですが、林さんが言っている「自分流」が出来上がったんじゃないでしょうか。

3．トビラを開ける前に勝負を決めろ！

――トレードもギャンブルも、資金管理が重要だと思います。

「マネーマネジメント」ですね。ものすごく重要です！

1000万円の資金があってギャンブルの勉強に集中していたとはいえ、生活にもおカネがかかるし、とにかく1000万円がなくなった時点でゲームオーバーですから、計画的な配分を考える必要がありました。でも、これって負けることが前提の計算ですから、もっとわかりやすく「勝つための計算」を考えてみましょう。

現在の僕は、〝プロとして必ず勝つ〟ギャンブラーですが、勝負して百戦百勝ということではありません。例えば100戦して52勝48敗とか、そういう現実の中で結果を出す必要があります。

その勝ち負けのゆらぎが1日単位で生じたとして、例えばあるカジノで「1日やってトータルでマイナスはあり得る」「でも3日やれば2日はプラスになる」といった計算ができます。

そういうふうに時間軸を設定して計算し、プラスにする流れをつくっていきます。トレードでもありますよね？

――主にシステムトレードで使われるのですが、「ドローダウン」という概念があります。トレード資金の落ち込み幅、という意味ですね。例えば、「この手法で売買を続ければ最終的にはプラスになるけど、一時的に20％のマイナスはあり得る」というように計算するわけです。

全く同じですね。

僕は、「タテ幅」と「ヨコ幅」の2つの軸で考えます。まず一定の時間、1日でも1週間でもいいのですが、その時間内にどれくらい資金的なブレがあるのかを考えます。

例えば100万円の資金が1日で最大120万円になるというのがプラスのブレならば、負けが続いたときに最悪20％減の80万円になるというのがマイナスのブレです。これがタテ幅です。

これに対してヨコ幅とは、どれくらいの時間でプラスに収束するのかを考えることです。プロなので勝たなければいけないのですが、最初に負けが続くこともあるので、最長でどれくらいの時間賭け続ければプラスになるのかを把握しておきます。

マイナス30％まであり得る状況ならば、１００万円が70万円になっても「30万円負けてしまった」と考える必要はありません。最終的にプラスに収束する過程での、単なる「通過点」ですよね。

――トレードでも、その計算を信じて継続するために、資金管理を考えます。一時的とはいえ大きく負けがこんだら物理的に続けられなくなりますし、気持ちを維持できる範囲に負けをとどめるということも重要です。

マイナス30％が最大のブレならば、１００万円が70万円になったときに心が折れずに「あとは上がっていく」と考えられるかどうかですね。この点は、トレードよりもギャンブルのほうが数学的に考えられるような気がします。

白状しますけど、25歳で１０００万円貯めた時に、ちょっとだけ株をやったことがあるんです。そして、ちゃんと損しました（笑）。「普通預金に入れておくより……」みたいな中途半端な気持ちでやっただけなので、負けるべくして負けたんですね。

本気で勉強していないから、自分自身で出した答えなんてなかったわけです。自分の答えがないと「今が買い時」みたいな情報を見つけて、それに委ねてしまう――その当時の僕のように「どれ買えばいいの？」って姿勢の人がたくさんいるのでしょうが、もっと真剣に勉強しなければ勝てませんよね。僕は株の失敗から学んだことを、ギャンブルの勉強法に持ち込みました。

——どうしたって、勝ったり負けたりですからね。でも方法を誤ると、「負けたり負けたり」になりませんか？

これってトレードとギャンブルで異なる点なのかもしれませんが、ギャンブルは「勝つか負けるか」ではなく「勝つか勝つか」と「負けるか負けるか」の2つだと考えています。

個々の勝負は勝ったり負けたりといっても、一定の時間つまり一定のヨコ幅でプラスになるのが勝つ人で、100万円が200万円、200万円が400万円……と増えていきます。でも負ける人は、100万円を半分の50万円にしてしまう。

タテ幅のある程度のブレは許容範囲といっても、半分にしてしまったらダメです。次は、その50万円が25万円になります。

——のぶきさんは、「〝勝つため〟にやるという気持ちが大切」と言っていましたよね。

そうです。これはトレードでも同じだと思いますが、カジノに行って席についたときではなく、「トビラを開ける前に勝負を決める」という考え方をします。

最終的なプラスの結果を計算して開始するのですから、始まる前に勝っていなくてはなりません。それが、「勝つためにやるんだ」という設定です。「勝つかもしれない」ではお話になりませんし、「勝ちたいなあ」とか「勝てたらいいなあ」も結果に対する作用はゼロですね。

精神論ではなく技術的な設定として必要なことで、勝負の最中の決断だけでなく、次の勉強につなげたりモチベーションを維持するためにも不可欠なことではないかと思います。

ギャンブルとトレードの共通点がどんどん見つかるのだが、トレードはギャンブルのように限定的な数人との直接対決ではないから、そうした構造で甘えられる部分に自分が甘えすぎているような気もしてきた。

トレードでは「買うか買わないか」「AとBのどちらを買うか」といった〝選択の問題〟で片づけてしまいがちだが、マーケットはれっきとした競争の場である。

ギャンブルの厳しさをどの程度、どんなふうにトレードに持ち込むのが適切なのかはわからないが、新井氏の言葉を受け入れて考えてみることも必要ではないかと感じたのである。

このあとは「シゴトとしてのカネ儲け」という観点で話を聞きながら、ギャンブルとトレードの共通項を探し続けた。

4．10年続けるシゴト

――ギャンブルにおけるマネーマネジメント（資金管理）を、詳しく説明してください。

「勝つためにやる」を実行するには、マネーマネジメントが欠かせません。ちょっとしたプラスの要素があれば1年間勝つのはカンタンかもしれませんが、5年後はない、10年後は絶対にあり得ないでしょう。

難しい計算は抜かして説明します。100円を賭けて勝ったら200円になる、負けたらゼロになるという勝負で、勝つ確率が51％ならば持ち金の2％ずつを賭けます。確率52％ならば4％ずつ賭けます。もちろん、50％以下の場合には賭けません。

勝率のわずかな差を、どう利用するのかが重要です。いま言った状況に100万円の資金で臨んでも、1回に10万円賭けることはありません。100万円の資金に対して2万円とか4万円とか、小出しに賭け続けるのです。プロが絶好調のときでも、こういった数字が限度なんですよ。勝率52％として、100回やれば48回は確実に負けるわけですから。

100万円の資金で4万円ずつ100回賭け続け、48回負けて52回勝てば、勝ちと負けの差は4回ですから4万円×4回で16万円のプラスが生じている――勝つためのギャンブルというのは、こういう地味な計算が基本です。

――システムトレードにも、全く同じ考え方が用いられています。淡々と進めるだけなんですよね。

はい、一喜一憂することはありません。プロだから勝つのが当たり前ですし、勝たなければいけません。

ちょっと勝ったからといって、「わ～い」なんて喜んでいるようではダメです。勝った要因を考えながら、すぐに次の勝負に目を向けています。それに10万円勝ったときにほかのプロが20万円勝っていたとしたら、それは「10万円勝ち損ねた」「10万円のロス」ではないかと考えて原因を追及します。場を見切れていなかったのか、勝ちを喜んでしまったからか、というように。

そして、自分のスタイルではもう少しいけたとか、もっと早い段階でやめるべきだった、などと熟考していきます。

――システムトレードで休みなく張り続けるのではなく、私が実践している裁量トレードでは、小さな勝てる可能性を捨て、「これは取れる!」というところだけで仕掛けることを大切にします。

ギャンブルでも、例えばポーカーのようなゲームならば同じです。僕は、「ガマン強さ」を意識していますよ。

勝てるかどうかがわからないところでは、絶対に勝負しません。林さんの言う「捨てる」ですよね。わからないときもやり続けていると、肝心の〝勝ち時〟が見えなくなってしまうんです。52％勝てるという状況をすべて捨ててしまうわけではありませんが、そこでチマチマと勝つことだけを考えずに、60％勝てるチャンスを見つけて勝負にいく気持ちは重要です。

――トレードもギャンブルも簡単に参加できるので、つい準備不足でスタートしてしまう人が多いと思います。株ならば、面白そうな銘柄を見つけたら買って、買ったあとで心配になって調べ始めたりするケースがよくあります。

「見《けん》」という言葉があります。「場の流れを見る」という意味です。勝負に入る前に場の流れを読んで、どうすれば勝てるのかを考えるのです。カジノに行けば誰かが勝負していますから、そこに加わる前に彼らの勝負を、彼らよりも真剣に、全くまばたきもしないくらいの気持ちで細かい流れまで観察するのです。これが「見」です。

トレードならば、チャートを見て戦略を考える作業ですね。

――場を読む前に、自分のことを考えるのも重要ですよね。自分の意思で休むことができるので、例えば体調が悪かったら、チャンスだと思っても手を出さないとか。

ギャンブルで面白い例は、失恋したときですね。勝率80％を誇るような有名なプロであっても、失恋したときには勝率20％の大カモになってしまうんです。

そんなときに勝負してはいけないのですが、彼女がいなくなったからほかにやることがない、今まで勝っていた、だからにカジノに来たなんてことになれば、状況を知った人間たちがハイエナのように群がってつぶしにかかりますね。心配事はちゃんと片づけておかないと、絶対に勝てません。

僕がベテランのプロによく言われたのは、睡眠のことです。「ノブ、ちゃんと寝てるか？」って。寝不足の状態で勝負なんてしたら、始める前に負けが決まっているようなものです。そんなふうに自分で敗因をつくってしまうのは、何が何でも避けなければならないことですからね。

シゴトとしてのギャンブルなので、休むのも寝るのもシゴトの一部なんです。

――ギャンブルもトレードも、自分の意思で区切りをつけなければなりません。勝っても負けても、どこかで区切って休みますよね。トレードでは、意図的に休むことが大切だと私は考えていますが。

勝負の〝やめ時〟ですね。僕の場合は、良い波が来たところでやめて、メシを食いに行ったりします。集中力を高めるために、勝負の前に食事を取りませんから。

例えば10時間以上負けてて最後の30分で勝ったら、あるいは最初の30分でポンポンとうまくいったら、そこでいったん休んでしまうんです。

――「良い流れが来た。よし、ここから」とはならないのですか？

そう考えるプロもいますが、僕はちがいます。感情的に「よし！」と思っても、それで実際の勝率が上がったとは限りません。過信した結果、次に負けて勝ち分をはき出してしまったら勝つための行動ではありませんから、そんな流れになってしまうことを嫌ってリスタートします。

プロが100人いたら、やめ時も100通りあるんです。ただし、それぞれのプロが事前に決めていますね。その場の気分で決めるのではなく、確実に勝つための戦略として決めているんです。

でも僕は、そのやめ時を常に考え直すことも必要だと思います。自分の手法や経験値などいろいろな要素がありますが、それを踏まえて「このやめ時で正しいのか？」と自分の選択を疑っていく姿勢です。プロギャンブラーとして15年間やっていますが、毎日行うべき大切な作業だと思います。

――感情は重要なので、私はポジティブとネガティブの使い分けを考えます。最初に計画を立てる段階、具体的な戦略を考える段階、いざ実行する段階と時間的に分け、ポジティブとネガティブのどちらを強めるか、と整理しています。

僕は、現実の確率とリンクさせて、「勝率60％ならば60％ポジティブに」といったイメージです。でも、ポジティブとネガティブの両面から見てトータルで考えていくのが、本当の勝ち方だと私も思いますね。

――負けているときに感情がネガティブになりすぎるからやめる、という考え方はありますか？

それは、ありませんね。負けているときは逆に集中できますから、続けることが多いのです。時間とか結果よりも、集中できているかどうかが大きなポイントかもしれません。

新井氏は、「勝負の前にはメシを食わない」と言った。トーク番組に参加してくれた時も〝大切な場〟という意味で「勝負だ」と、夜7時半から9時過ぎまでの生放送にもかかわらず、朝から食事をせずに現場に来た。

一匹狼だから自分を大切にするのは当然だとしても、彼は周囲の人も大切にして丁寧に扱う。ギャンブルとトレードの相違点として先ほど、「直接対決かどうか」という観点を示した。そして、トレードでは甘えてしまう部分があるかもしれないと述べた。その甘えかもしれないと感じたのは新井氏が説明した「やめ時」、トレードにおける「手仕舞い」に対する考え方だ。

利食いでも損切りでも、手仕舞いのタイミングは自分で決める。そのタイミングによって損益が大きく変わるのだが、新井氏が「毎日考え直すべきだ」と強調するほど真剣に向き合っているだろうか、ということだ。

また、人の扱い方という観点でも考えてみた。ギャンブラーというのは縁遠い存在だから、どうしてもドラマや映画の誇張された描かれ方から〝冷酷非道〟などといった極端なイメージを先行させてしまうが、少なくとも新井氏はとても人に優しい人物である。

翻って、自分を含めたマーケット関連の人間を見ると、価格とカネしか見ていない人がいたり、多くの人にそんな要素があるような気もしてくる。

残念ながら現在の日本にはカジノがないが、新井氏のような人物を師匠としてギャンブルを学ぶことができたら、トレーダーとしての強さが増すのではないかと感じてしまった。

5.「どうしたいんだ」という自分の答え

――卒業旅行の時、「ゴール（目標）設定が必要だと考えた」とのことでした。でも日常、あいまいになってしまうケースが多いと思います。

トレードもギャンブルも〝もろにカネ〟のことなので、なんとなく「勝ちたい」みたいになりがちです。でも「たくさん勝つほうがいい」とか「あればあるほどいい」では、具体的な映像になりません。

ですから、まずは「どうしたいのか」という自分の望みを明確にすることだと思います。

かなり派手な例ですが、「勝ち続けて100万円を3年で1億円にする」といった明確なゴールがないと始まりません。その映像があれば具体的な方法、つまりプランが生まれます。

100万円を1億円というのは、元手を100倍にするということです。同じ期間で100万円を200万円、つまり2倍にするのに対して50倍高いゴールなので、難易度は50の2乗で2500倍になると僕は考えます。すると、それだけリスクの高いゴールを実現するためにどんなプランがあり得るのか、となるわけです。

ただ「勝ちたい」「儲けたい」だと、最初から自分の答えがないわけですから、誰かが何かを教えようとしても物理的にムリだと思います。林さんのところにも「どれを買えばいいですか?」って人が来るのでしょうが、たぶん返事を工夫することになりますよね。

――まずは、「体感する」ことを提案します。マーケットの価格が時間の経過の中でどう動いていくのかを、チャートにして眺めてみるということです。

おお、「見《けん》」ですね!

――それから、一定の準備をしたあとは実践です。実際に資金を動かしてみないとわからないことがたくさんあります。シミュレーションを繰り返しても、臨場感がゼロですから。

同感です。僕も、「1円でもいいから賭けろ」と言います。おカネがかかっていないと、人間は真剣になりません。机の上で理論を考えて「勝った、負けた、ほほお」なんてやっていても、時間のムダでしかありません。

今住んでいる都内のシェアハウスで、「ダイエット部」というのを作ったんです。みんなで目標を決めてダイエットに励むのですが、負けたら10時間労働とか、住人が出し合っている運営費の負担が増えるとか、そういう罰則を設けています。勝ち負けに対して、本当に真剣になりますよね。

――でも実際には、〝おカネ〟をどの程度まで意識するのかが問題だと思います。真剣になることは必要ですが、決断の際に1万円札を思い浮かべていたら萎縮しちゃいますから。

トップギャンブラーの言葉で、「おカネだと思ったら負ける」というのがあります。「ベンツ1台分負けた」なんて言葉を頭の中に浮かべてしまったら、残りのギャンブラー人生はずっと負け組だよって……。ほかにも、「ギャンブルとしてではなく、ビジネスとしてやれ。そうでないなら、オレがつぶすぞ」なんていうのもありました。マインドセット、心の持ちようですね。

――トレードでもギャンブルでも、行動し始めたあとは、おカネを意識したらバランスが悪くなるんでしょうね。

僕も、ふだん使うおカネとギャンブルの際に賭けるおカネを、完全に分離して考えます。日常は1万円の買い物なんてしませんし、ベガスにいるときも1カ月で8万円くらいしか使いません。

でもギャンブルの場では、確率と自分の戦略に応じて100ドル（約1万円）単位のチップをポンッと出すことができます。ビジネスの場での〝数字〟の問題として処理できるわけです。

——ギャンブルの場合は目の前の相手との駆け引きもあるので、難しいように感じます。

ポーカーで手がない、手持ちの札に何の役《やく》もない、いわゆる〝ブタ〟の状態で勝ったことがあります。相手にワンペアでもあれば僕の負けなのですが、相手もブタだと読んで勝負に出たのです。ブタ同士だった場合、最も強いエースが手札にあるほうが勝つのですが、その時はエースを1枚持っていたんです。だから相手もブタならば勝てるという状況だったわけですが、まずは自分の手がブタなんですから根本的に分の悪い勝負ですよね。

でも少し前に、その相手がハッタリをしようとしてやめた時があったんです。その流れから、「今あらためて、ハッタリをやりたいんだ」と読んだので、すでに場に出した賭け金をあきらめて勝負を降りるのではなく、相手の要求に応じて上乗せしたのです。

観察によって確率的に勝てるという計算があり、それがうまく当たったということなのですが、そういうときにも数字で割り切って行動します。ビジネスですから。

——トレードも他人との競争ですが、ふだんの作業としては「買うか買わないか」みたいな選択の問題として片づけます。それが勘違いを生むところでもあり、トレードをシンプルにしている特徴でもあると思うのです。

ギャンブルにも、そういう捉え方というか、同じ要素があると思いますよ。

先日、「インターネットのギャンブルに挑戦してほしい」というオファーがあったんです。インターネットを通じてポーカーをやるので、相手の顔が全く見えないわけです。同じとはいえないかもしれませんが、ふつうのポーカーよりはトレードに近いんじゃないでしょうか。

その時も、いつも通りにゲームを進めました。「結局は自分との戦い」だと認識して、自分のやり方の中で〝勝ち方〟を見つけるしかないと思ったのです。

常に、どういう流れでどう行動するのかとシンプルにまとめておかないといけません。でも、時間軸は外せません。どれくらいのヨコ幅（時間）でいくら勝つのかと時間軸で考えることで、自分の行動をコントロールできるようになるはずです。

——トレードでは事前に考えますし、トレードが終わったら次のトレードまでじっくりと考えたりすることも重要です。でもそれは、いざというときに一瞬で適切な判断をしたいからです。

僕も、わずか2分の勝負について、あとで3、4時間も考えることがあります。勝負の場ではポンッと行動してしまうしかないのですが、分析する時間は大切です。あのプレーは正しかったのか間違っていたのか、あのプロだったらどうしただろうと、いろいろな角度から考えるんです。

――ギャンブルもトレードも自分との戦い、なんてまとめ方は乱暴ですかね？

そうでもないと思います。多くの人が口では「儲けたい」「勝ちたい」って言いますが、意外と努力していません。だから、他人に勝つのって、わりとラクなのかもしれないんです。

それよりも、自分自身のことを考えて、自分の答えをもつというイメージが重要ではないかと。

僕はいつも、「先月の自分に勝つ」という考えを軸に行動するよう努めています。

――先月の自分に勝つ、ですか？

そうです。例えば今、学生が集まるイベントの講演を頼まれる機会が月に1度くらいあるのですが、「今回は、前回を上回るトークをしないとダメだ」って考えます。ボランティアで来てほしいという申し出でも、全く同じように考えています。

もちろんギャンブルでも何でもすべて、同じように考えていきます。

6. 決め手は「本気度」

――マーケットでは「売りだ」と確信する人と「買いだ」と確信する人がいて値段がつくので、売りと買いのどちらが正しいかという議論が成立しない部分があります。判定があるとしたら、その人の手法や好みによるものです。ギャンブルでは、どうなのでしょうか？

「売りか買いか」にピッタリとくるものをすぐに思いつきませんが、プレースタイルのちがいはありますね。

例えばポーカーのプレースタイルで、タイトかルースか、という分け方があります。タイトは比較的強い手のときしか勝負しませんが、ルースはそういう絞り込みをしません。あるいは賭け金の出し方で、アグレッシブ（積極的）なのかパッシブ（消極的）なのか、という違いもあります。どちらが優れているとか、どちらが正解なのか、ではありません。どっちも正解なのです。

要するに自分の好みで手法を決め、その手法でゲームを実行するだけです。

僕は、「波を抑えるのがプロ」だと考えています。個々の勝ち負けによって、波が生まれます。タテ方向のブレですね。これを自分の想定内でコントロールするためにテクニックが必要なのですが、それを支えるのがメンタル的な本気度です。

――本気度とは、先ほどの「どうしたいのか」ということですか？

そうです。ギャンブルやトレードで勝とうというのなら、本気で勝ちにいく気持ちが何よりも大切だと思うんです。1週間何も食べなかったら、食べ物が出てきたとたんにガッつきます。3日間水を飲まずにいたら、目の前に水が出てきた瞬間に飲み干します。こういう気持ちがあるかどうかだと思うのです。

本気で「絶対に勝つんだ！」と考えれば、本気でセオリーの勉強に取り組むことができます。セオリーを学んで結果が出れば、そこで自信がつきます。でもそれは、自分を追い詰めることではありません。勝つために100の努力が必要だとして、10では意味がないとまでは言い切れないと思うのです。たとえわずか1の努力でも、ゼロの状態とは全くちがいます。

ちなみに僕が株で負けたときは、努力も本気度もありませんでした。カンタンに儲かるのなら、誰だってやりますよね。もちろん、わりと簡単に儲かる場が生じることだってありますが、そこにはすぐに人が群がってきて勝ちにくい場になってしまいます。

――そういったメンタルも技術も、自分でつくっていくものだと思います。

他人の手によって完成されたマニュアルでは、安心できません。使ってみて勝てるかもしれませんが、それが続くことはないでしょう。

だから自分の手で、さらに上のマニュアルを作成するしかない。トレードもギャンブルも、偏差値社会とは一線を画した世界ですから。

――ところで、のぶきさんにとって「自信」とは、自分を高めに評価することですか？

いいえ、先ほどのポジティブとネガティブの件と同じで、ニュートラルに考えます。努力によって高めていくことが前提ですし、ポジティブ思考も重要ですが、現在の自分の実力を正確に知ることが基本だと思っています。

例えば「去年よりも勝っている」という状況は、実力が上がったのかもしれないけど、タテ方向のブレが一時的にプラスに傾いているだけかもしれない。

実力が上がったのなら、それに応じた自信をもつべきです。でも実力が上がっていないのなら自信はそのまま、現在の自分を正しく評価したレベルに置いておくべきです。そして時間がたち、昨年と同じくらいの結果に収束して「やっぱり」となっても、それはそれでいいと思うんです。

それとは別の部分に本気度があり、努力して、相手に勝とう、先月の自分に勝とう、去年の自分に勝とうというエネルギーが生まれたら、それはステキなことだと思います。

インタビューのあと一緒に食事をしながら延長線のような談議をし、その中で「ギャンブルとはなにか」という話題が出た。「ギャンブルはトレードに似ている」がインタビューのきっかけだったが、そうではなく「トレードがギャンブルに似ている」のではないか、ということになった。

株を買って持つのはれっきとした経済行為だが、ある線を越えたら危なっかしい行動になってしまう。働きながらローンを組んで家を買うのはごくふつうの行為だが、代金の8割が30年のローンというのは、考えようによっては非常に危険な行為といえなくもない。

以上の説明は、「ギャンブル＝アブナイ行動」ということが前提である。だが新井氏はギャンブルを仕事と位置づけ、その通りの行動で結果を出している。いろいろな言葉遊びが可能だが、15年間ギャンブラーとして生きてきた彼は、ギャンブルに関しては極めて数学的に考え、情緒的な思考を持ち込まない。それに、ゲンをかつぐようなこともしないという。

彼と証券業界の人間を比べてみると、証券界の人間のほうが泥くさいし、「金融」の2文字にはそぐわない不合理さが目立つような気がする。相場の世界にいる者は、もしかしたら人恋しさのために情緒的になりすぎるのかもしれない。それに対して、新しい理論でトレードに臨む人たちは、計算できない部分まで計算で片づけようと極端になっていることもありそうだ。

新井氏のギャンブル哲学を基に、トレードや資産運用についての自分の答えを見直すことも面白いと思う。

著者プロフィール

林 知之

はやし・ともゆき

1963年生まれ。幼少のころより投資・相場の世界に慣れ親しみ、株式投資の実践で成果を上げながら、独自の投資哲学を築き上げた。

現在は、投資顧問会社「林投資研究所」の代表取締役。中源線建玉法、FAI投資法を中心に、個人投資家への実践的なアドバイスを行っている。

また、投資助言、投資家向けセミナー等を精力的に行うかたわら、投資情報番組「マーケット・スクランブル」のコメンテーターも務めている。

林投資研究所の創設者である故・林輝太郎は実父。

主な著書に『億を稼ぐトレーダーたち』『凄腕ディーラーの戦い方』『うねり取り株式投資法 基本と実践』(マイルストーンズ)、『これなら勝てる究極の低位株投資』(パンローリング)、『入門の入門 中源線投資法』『ブレない投資手法 曲げない投資哲学』(林投資研究所)などがある。

億トレIII

プロ投資家のアタマの中

2018年2月28日　初版第1刷発行

編著者……林 知之

©Tomoyuki Hayashi 2018

発行者……細田聖一

発行所……マイルストーンズ合資会社

164-0011 東京都中野区中央1-4-5

http://www10.plala.or.jp/milestones/

発売所……丸善出版株式会社

101-0051 東京都千代田区神田神保町2-17

電話 03-3512-3256

http://pub.maruzen.co.jp/

装幀……合同会社菱田編集企画事務所

印刷所……大日本印刷株式会社

ISBN978-4-903282-05-3 C0033

落丁・乱丁、その他不良がありましたら、お取り替えいたします。

本書の全部、または一部を無断で複写・複製・転載、および磁気・光記録媒体入力することなどは著作権法上の例外を除き禁じられています。

Printed in Japan

日本版マーケットの魔術師たちが語る成功の秘密

億を稼ぐトレーダーたち

成功者の結果だけを見てマネしても、大きな失敗をするだけ。
適切な自分流を築くためには、
成功した実践者たちの内面をしっかりと見つめることが大切です。

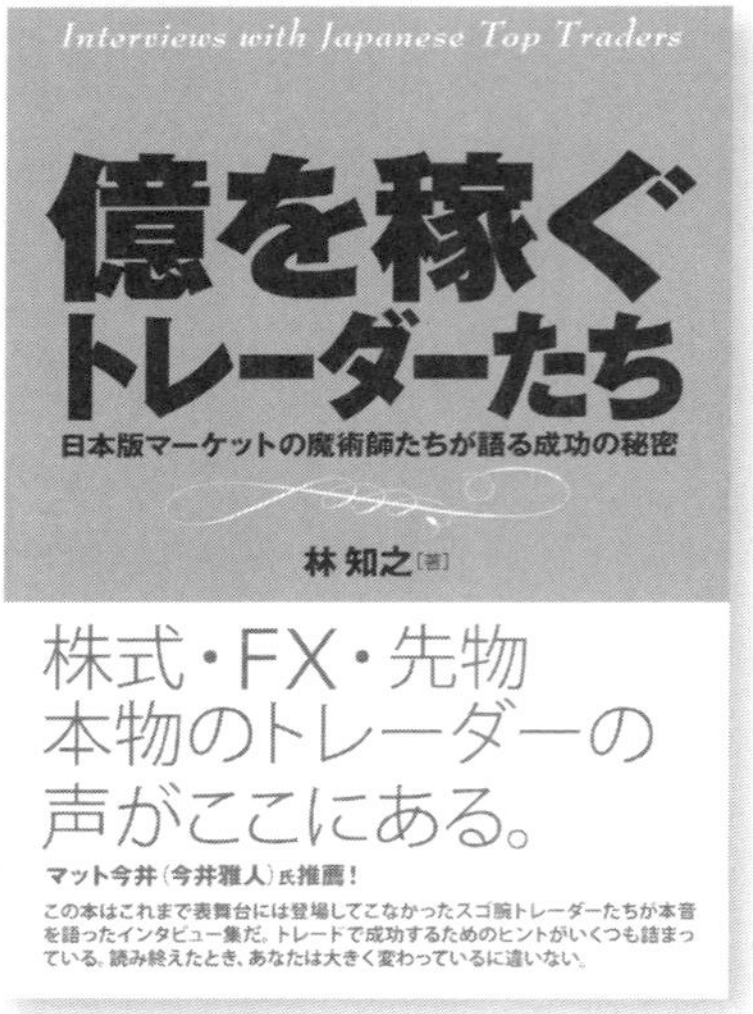

林 知之　著

A5判・336ページ・ソフトカバー
定価／本体2,800円＋税
ISBN978-4-903282-02-2 C0033

表舞台にほとんど出てこない、日本人のスゴ腕トレーダーたちの赤裸々なトークがつまったインタビュー集。日本版マーケットの魔術師9人の秘密を、あなた自身の相場に応用するための一冊。

柳葉 輝（専業個人トレーダー）／**渡辺博文**（大手アセットマネジメント・ファンドマネージャー）／**杉山晴彦**（個人トレーダー）／**綿貫哲夫**（証券ディーラー）
成宮宏志（元為替ディーラー、FAIメンバー）／**西村正明**（山前商事、プレーイングマネージャー）／**橋田新作**（個人トレーダー）／**高橋良彰**（エイ・ティ・トレーダーズ代表）／**秋山 昇**（個人トレーダー）

億を稼ぐトレーダーたちII

凄腕ディーラーの戦い方

プロ投資家の行動をプロ相場師が分析、
勝ち続ける投資家の本質に迫る。
相場で生き抜くための「知恵」と「戦術」がここにある。

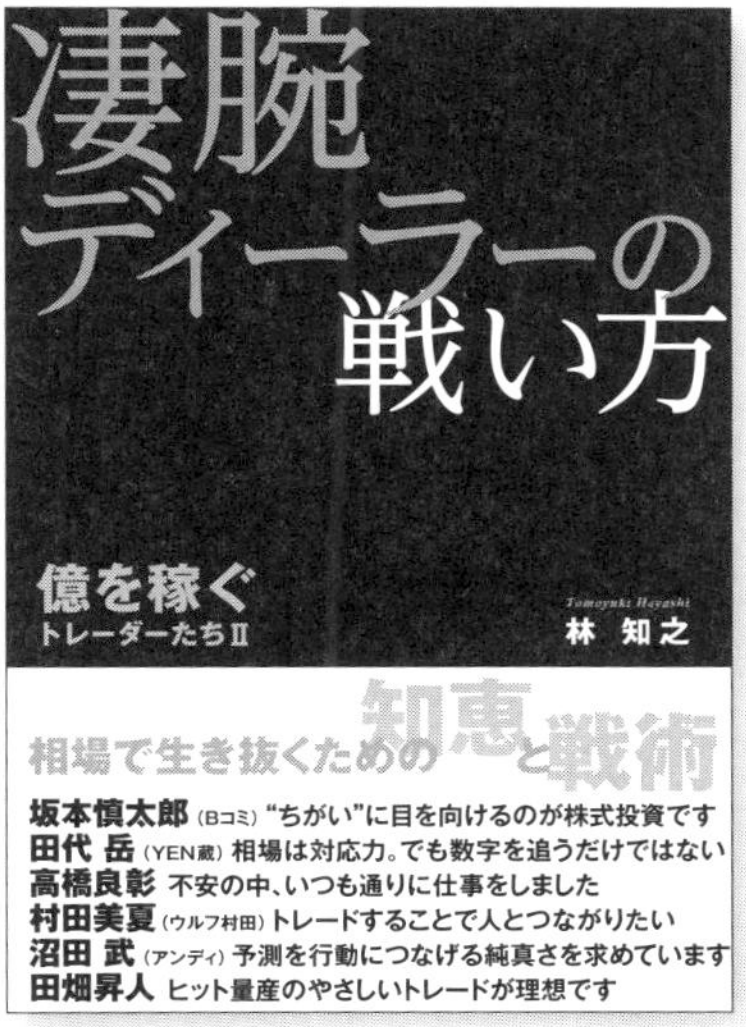

林 知之　著

A5判・256ページ・ソフトカバー
定価／本体2,200円＋税
ISBN978-4-903282-04-6 C0033

本当に相場で生計を立てている人のホンネ、表舞台にあまり顔を出さないスゴ腕ディーラーの相場哲学を凝縮した「珠玉」のインタビュー集。

トレードで成功するための秘訣とヒントがいくつも詰まっている。

本書を読み終えたとき、あなたは投資家として大きく成長しているはずだ。


坂本慎太郎（Bコミ）／田代 岳（YEN蔵）／高橋良彰／村田美夏（ウルフ村田）／沼田 武（アンディ）／上島浩司／田畑昇人／本河裕二／黒木弘明／盛田聖一（バルバロス）／本間忠司／巻末対談（田代 岳・坂本慎太郎・林 知之）

【プロの視点】

うねり取り株式投資法

基本と実践

どんな相場でも一生稼げる「うねり取り」の技術書

林 知之　著

A5判・280ページ・ソフトカバー
定価／本体2,500円＋税

ISBN978-4-903282-03-9 C0033

勝ち続ける人の投資法は驚くほどシンプルだ。価格の自律的な動き、自然に発生する変動を利用して利益を上げる「うねり取り」は、数多くのプロ相場師が好んで利用している。この「うねり取り」による売買法を基本から実践まで、丁寧にわかりやすく解説する。

第1章　投資情報の8割は有害／**第2章**　相場技術論とトレードの準備／**第3章**　うねり取りを実践するための古典的手法／**第4章**　うねり取り実践のポイント／**第5章**　機械的判断でうねり取りを実現する「中源線建玉法」／**第6章**　中源線の活用と運用上の注意／**第7章**　トレードは常に自分が中心